文化自信

铸就大国复兴之魂

龙迎春◎著

中共中央党校出版社

图书在版编目（CIP）数据

文化自信铸就大国复兴之魂 / 龙迎春著 . —— 北京：中共中央党校出版社，2021.7

ISBN 978-7-5035-6663-9

Ⅰ . ①文… Ⅱ . ①龙… Ⅲ . ①中国特色社会主义 – 文化事业 – 研究 Ⅳ . ① G12

中国版本图书馆 CIP 数据核字（2021）第 041530 号

文化自信铸就大国复兴之魂

责任编辑	任丽娜　桑月月
责任印制	陈梦楠
责任校对	李素英
出版发行	中共中央党校出版社
地　　址	北京市海淀区长春桥路 6 号
电　　话	（010）68922815（总编室）　（010）68922233（发行部）
传　　真	（010）68922814
经　　销	全国新华书店
印　　刷	北京温林源印刷有限公司
开　　本	690 毫米 ×980 毫米　1/16
字　　数	200 千字
印　　张	15.5
版　　次	2021 年 7 月第 1 版　2021 年 7 月第 1 次印刷
定　　价	58.00 元

微 信 ID：中共中央党校出版社　　邮　　箱：zydxcbs2018@163.com

《 **目 录**

绪 论 拉长"中国特色"时间轴，接通中华文明之脉

一、致敬邓小平，重走"南方谈话"考察线路 ……………004

二、文脉存续，中华文明从失语到发声 ……………014

第一章 "文化自信"被写进党章意味着什么

一、在国际舞台上，中国已经有数个世纪没有像今天
这样强大了 ……………033

二、将文化放在中国和世界发展的大势下进行考量 ………039

第二章 文化，中国曾经强大将来必然复兴的法宝

一、从轴心时代到"两个一百年"奋斗目标 ……………060

二、透视国运兴衰治乱的文明密码 ……………078

三、新文化运动中断了中华文脉吗 ……………089

四、影响中国最深的外来思想是马克思主义 ……………098

五、中国的经济起飞 ……………106

第三章　中国梦，其梦有根

一、从延续民族文化血脉中开拓前进…………128

二、革命文化不只是"红色"的…………156

三、社会主义先进文化"先进"在哪里…………164

第四章　中华文明的复兴与中国方案

一、复兴的起点…………176

二、"一带一路"的文明视野…………181

三、人类命运共同体的天下情怀…………200

四、全球政党大会…………218

五、世界哲学大会…………227

结　语

绪　论

拉长"中国特色"时间轴，接通

中华文明之脉

　　如同一位著名的政治学者所言，解读中国的兴起一定要有大的历史观。当下中国已经是世界第二大经济体，而其在国际舞台，尤其是亚洲的影响力举足轻重。但从大历史来看，我们可以这样理解中国 60 余年的变化：中国只是恢复它在世界经济体系的份额，恢复它在世界和亚洲曾有过的地位。因此，习近平总书记用"复兴"一词来讲述中国，他说，我们比历史上任何时期都更接近中华民族伟大复兴的目标，比历史上任何时期都更有信心、有能力实现这个目标。

　　站在今天这个时代回顾中华历史绵延久远的起伏盛衰，或许再没有什么比此更能引起我们对新与旧、古与今的思考了。中华民族曾经的强盛辉煌也许已略显遥远和陌生，尤其随着近代以来所遭受的冲击和挫折，中华民族的优秀文化传统，那些曾经滋养着这个民族的古老、茂密和健硕的根须，似乎已渐渐与我们疏离。另外，以爱国主义为核心的伟大民族精神和以改革创新为核心的时代精神支撑着中国筚路蓝缕，从新民主主义革命到社会主义建设，一路走来求新求变，始终朝着中华民族的伟大复兴奋勇前进。而实现这一中华民族近代以来最伟大的梦想所不可或缺的，正是我们对中华民族优秀传统文化及新时代文化精神的认知和自信。

　　这种文化自信，不是文化上的虚骄，更不是文化上的狂妄，而是一种实实在在的内化于心、见之于行的文化品格。这种自信精神的文化传统具有强大的生命力、凝聚力、创造力。重建对中华民族优秀传统文化的自信，是我国跨入新的历史阶段并最终实现民族伟大复兴的必经的历史步骤。

一、致敬邓小平，重走"南方谈话"考察线路

（一）履新后的首次地方调研，习近平总书记选择了广东

2012 年 12 月，习近平总书记启动了履新后的首次离京调研，地点选择了广东。

这一举动被视为中国共产党宣示改革不止步的决心，同时，又是对中国传统改革文化的继承与发扬。

中国文化为什么自信？因为有 5000 多年从未中断的灿烂文明做后盾。中国改革为什么如此成功？因为有几千年间改革先驱奠定的改革文化为理论与实践基础。中国自春秋战国时期就开始推行改革，此后历朝历代都有不同程度的尝试。虽然历史上的很多改革并未成功，但因此形成的改革文化所展现出来的魄力与决心，始终还在。

先有文化自信，才有改革自信。习近平总书记为什么提出"文化自信"？因为文化自信是道路自信、制度自信、理论自信的基础。中国特色社会主义道路是建立在中国传统文化基础之上的。为什么中国的发展模式不可以复制？是因为中国的传统文化不可复制。中国文化是当今世界仅存的古老文明与现代文明一脉相承的文明。中国的传统文化又发展出了革命文化与中国特色社会主义文化。中国特色社会主义文化中，改革与创新是不可或缺的重要组成部分。

习近平总书记在听取广东省委、省政府的工作汇报之后，阐明了此次调研的目的和意义，"之所以到广东来，就是要到在我国改革开放中得风气之先的地方，现场回顾我国改革开放的历史进程，宣示将改革开放继续推向前进的坚定决心"①。

这被看作对中国改革开放的总设计师邓小平的致敬，更是习近平总书记坚持深化改革、构筑中华民族伟大复兴蓝图的决心之彰显。党的十八大作出了"全面深化改革"的重大决定，习近平总书记在党的十八届三中全会上为《中共中央关于全面深化改革若干重大问题的决定》所作的说明铿锵有力，"面对未来，要破解发展面临的各种难题，化解来自各方面的风险和

---

① 胡键：《改革不停顿　开放不止步——习近平总书记考察广东纪实》，《南方日报》2012 年 12 月 13 日。

挑战，更好发挥中国特色社会主义制度优势，推动经济社会持续健康发展，除了深化改革开放，别无他途"[①]。

改革开放以来，中国以快速、大规模、史无前例的兴起而为世界瞩目：它完成了人类历史上最大规模的工业化；在30年内实现了人类历史上最大范围的消除贫穷，在很短的时间里让人类发展指数HDI（Human Development Index）从低收入国家的水平达到接近OECD（经济合作与发展组织）国家的标准。中国台湾政治学者朱云汉将中国的兴起称作"石破天惊的巨变"，并进一步指出："它给人类历史进一步发展所带来的巨大冲击或引导作用，在过去三百年中，只有三个历史事件可以与之相提并论：1789年法国大革命、1917年俄国十月革命和19世纪后半期美国的崛起。"[②]

这一巨变，要追溯到中国改革开放的起点——广东。

1977年11月，邓小平飞往广州，听取广东省委关于深圳大规模逃港事件的汇报。自19世纪60年代就开始的逃港事件屡禁不止，数度惊动中央，在当时被定性为美蒋特务和地方勾结起来煽动的"反革命叛乱"。听完汇报后，邓小平并未认

---

① 《十八大以来重要文献选编》（上），中央文献出版社2014年版，第508页。
② 玛雅：《道路自信：中国为什么能》，北京联合出版公司、中信出版社2014年版，第194页。

同"叛乱"的定性，而是理性指示："逃港"，主要是生活不好，差距太大。生产搞好了，才可以解决"逃港"问题。邓小平还进一步指出："最大的问题是政策问题。政策对不对头，是个关键，这也是个全国性的问题。过去行之有效的办法，可以恢复的就恢复，不要等中央。"[1]

邓小平在广东听闻"资本主义鸭子"事件后，则直接引出了"改革"一词。在视察过程中，有人告诉邓小平：在广东农村，农民受到的限制非常大，养鸭子只能养三只以下，养三只是社会主义，四只五只就是资本主义。邓小平对此明确指示："农民负担重的问题要很好地研究一下，现在农村中好些东西是搞形式主义，实际上我们也存在'苛捐杂税'。……农民一点回旋的余地都没有，怎么能行？这样的规定要批评，要指出这是错误的！"[2]

1978年2月，邓小平从缅甸、尼泊尔考察回国，在四川做短暂停留。当时，四川一些农村采取"文化大革命"前"包产到组"的做法，农业生产得到一定程度的恢复，但遭到来自上层的一些非议。2月1日，邓小平在听取四川省委负责人汇

---

[1]　中共广东省委党史研究室：《情系广东——老一辈革命家南粤纪行》，广东人民出版社2006年版，第103—108页。

[2]　《邓小平年谱（1975—1997）》，中央文献出版社2004年版，第237—238页。

报后再次提到了"鸭子"事件，并指出："有些问题是共同的。农村和城市都有个政策问题。我在广东听说，有些地方养三只鸭子就是社会主义，养五只鸭子就是资本主义，我看荒唐得很！"① 他提出要调整现行政策，"农村政策、城市政策，中央要清理，各地也要清理一下，零碎地解决不行，要统一考虑，自己范围内能解决的，先解决一些，总要给地方一些机动"。②

因为坚信"贫穷不是社会主义"，邓小平在1978年用"三把火"打开了中国的"南大门"，毅然结束了"以阶级斗争为纲"的政治路线，把党和国家的工作重心转移到以经济建设为中心上来。

被选作"改革开放"试点的深圳、珠海和汕头三市，在1979年正式被命名为"经济特区"，那是邓小平提议的。由此，连续14年工农业增长速度低于全国水平的广东，开始了"摸着石头过河"的经济发展探索。

"文化大革命"之后的中国，和历史上大部分崛起的国家一样，经历了危机催生复兴的历史过程。在推动中国全球化的进程中，邓小平比印度、俄罗斯和巴西这些大国的领导人更具魄力，在关键时刻，选准了经济起飞的战略方向。但尽管邓小

---

① 《邓小平年谱（1975—1997）》，中央文献出版社2004年版，第261页。
② 《邓小平年谱（1975—1997）》，中央文献出版社2004年版，第261页。

平被称作中国改革开放的"总设计师"，实际上，这是一场没有航标的航行，是一项没有施工图纸的浩大工程。"白猫黑猫论""摸着石头过河""杀出一条血路"，都是探索性的尝试。1992 年初，88 岁的邓小平登上从北京开往南方的专列，开启南方谈话后，才迎来新的一轮经济改革浪潮。南方谈话被视为邓小平为他的政治继承人留下的"政治嘱托"，而嘱托的核心内容是："基本路线要管一百年，动摇不得。"①

习近平总书记此次调研沿着 1992 年邓小平的南方视察路线，足迹遍及深圳、珠海、佛山、广州，并深入农村、企业、社区、部队和科研院所。

在深圳考察期间，习近平总书记坚持与群众相伴而行。

习近平总书记和中国第一个"万元户"村——深圳渔民村的村民邓伟雄唠家常，1984 年和 1992 年，邓小平两次南方考察都曾来过此地。邓伟雄向习近平总书记介绍一家人如何从挤在一条小船上，到住上小洋楼，当上房东。习近平总书记还到顺德探望贫困群众，给寒门学子张俭娜留下了《现代汉语词典》《英汉词典》和"快译通"，鼓励她积极向上、自强不息。②

---

① 《邓小平文选》第 3 卷，人民出版社 1993 年版，第 370—371 页。
② 胡键：《改革不停顿　开放不止步——习近平总书记考察广东纪实》，《南方日报》2012 年 12 月 13 日。

文化自信 铸就大国复兴之魂

2012年12月8日上午，习近平总书记在莲花山公园向邓小平铜像敬献花篮，并带领大家向铜像三鞠躬。习近平总书记指出："我们来瞻仰邓小平铜像，就是要表明我们将坚定不移地推进改革开放，奋力推进改革开放和现代化建设取得新进展、实现新突破、迈上新台阶。"①

临走前，习近平总书记在公园里种了一棵高山榕。20年前，邓小平在山顶也曾种下了一棵同样的树，当得知这棵树在当地被叫作"发财树"时，老人家说："让全国人民都种，让全国人民都发财。"②

针对这次广东考察，新华社评论指出："改革开放是我党历史上一次伟大觉醒，是决定当代中国命运的关键一招，也是决定实现"两个一百年"奋斗目标、实现中华民族伟大复兴的关键一招。""习近平总书记沿着二十年前邓小平视察南方之路考察工作。从深圳、珠海到佛山、广州，习近平同志一路强调推进改革开放，表明了新一届中央领导集体坚持改革开放的坚强决心，也向全党全国发出了凝聚力量、攻坚克难的动员令。"③

---

① 曾培炎：《重温邓小平理论 开创改革发展新局面》，《求是》2014年第16期。
② 邓楠：《我们心中的父亲》，《人民日报》2014年8月21日。
③ 《新华社评论员：坚决用好实现民族复兴的"关键一招"》，新华网，http://www.xinhuanet.com/politics/2012-12/11/c_113991457.htm.

（二）深圳崛起，美国《外交政策》杂志刊登了一份2025年城市榜单

1978年7月，中共广东省委书记习仲勋在宝安考察，他站在中英街上，看着被八块界碑隔开的宝安和香港，在这条长不足一里、宽不满两丈的街上，两地迥异之景触目惊心：一边车水马龙，繁华异常；一边杂草丛生，萧条凄凉，正值收割季节，但农田里却没有一个精壮劳动力，只有老年妇女和小孩。在莲塘收容所里，习仲勋问一个被抓的外逃人员："为什么不在社会主义当家做主人，却要跑到香港给人当奴仆，受人剥削？"对方答："我们穷，分配很低，到香港容易找工作。"[①]

那一年，宝安的农民年收入是134元，而在一河之隔的香港新界，农民年收入是13000港元。

30多年来，早已更名为深圳的南方小镇宝安完成了中国现代化进程的完美转变。这座在1982年创下共和国历史上"三天盖一层楼"纪录的南方城市，以名副其实的"深圳速度"一路奔袭，GDP年均增长24.8%，从一个3万人的贫穷小镇，快速崛起为一座承载人口超过1400万，产业发达、交通便利、

---

①　《习仲勋主政广东》编委会：《习仲勋主政广东》，中共党史出版社2007年版，第73页。

功能完备、设施先进、环境优美的现代化大都市。《南方日报》将深圳称为"中国特色社会主义活力绽放和光明前景的有力印证"。

深圳的崛起，是中国改革开放的"范本"，却绝非孤本，而其启示和影响，也远远超越了中国城市化的本土进程。事实上，经历了 2008 年的金融危机之后，西方学界有一种观点认为，如果要为全球低迷的经济寻找一线曙光，那就是"城市的崛起"。就在习近平总书记调研前的几个月，美国《外交政策》杂志在 8 月刊登了一份榜单——2025 年全球最具活力的 75 个城市中，中国城市占了四成，为三十个（包括港台地区）；美国次多，为 13 个；欧洲只有 3 个。东京在 2010 年的城市经济规模世界排名第一，但根据这份榜单，到了 2025 年，它的增长总量只能排第十。而届时，中国深圳在排行榜上位居第六，纽约排在其后，位列第七，香港排在第三十名。前五名中，除了巴西的圣保罗之外，全是中国的大城市：上海、北京、天津、广州。更令人惊诧的是，中国很多几乎不为外国人所知的非一线城市如东莞、佛山、福州、常州等，均赫然在列。

《外交政策》杂志的创始人是极负盛名的美国政治学家亨廷顿，这份榜单由全球最具影响力的顾问公司麦肯锡旗下的"麦肯锡全球研究院"（McKinsey Global Institute）的城市图景数据库提供，他们观察了全世界具有世界城市条件并且是未来经济增长最具活力的城市，研究它们从 2010 年到 2015 年可能会出现的兴起和追赶过程，然后根据模型，列出了上面提到的 75 个排名最靠前的全球性都市。《外交政策》杂志的作者理查德·多布斯和杰安娜·里米兹写道："当欧洲、美国正竭力抵挡脆弱且不稳定的经济颓势时，向东方和南半球发展的经济平衡转型，正以前所未有的速度和范围发生着——'城市化'是其中最大的功臣。显而易见，我们正目睹不曾预想的最大的经济转型，新兴国家城市的人口正在扩大，他们的收入迅速增长。这一切造成了巨大的'地缘政治的转变'，催生出改变世界商店分布和投资方式的'新的消费群体'。"[1]

这显然不是《外交政策》杂志为了吸引眼球而故作惊人之语。如果我们以都市作为经济资源的整合平台、价值创造的发动机、培育新产业的摇篮，那么可以预见，在未来 15 年内，中国的相对经济地位会出现剧烈变化。连续 30 多年的高速增长不但创造了人类历史上的奇迹，使中国经济总量跃居世界第二位，也为全球经济发展带来了机遇和活力，使中国成为世界经济增长的主要推动力之一。日益繁荣强盛的中国，也由此成

---

[1] 《2025 年（75 座）全球最具活力城市》，《外交政策》2012 年第 9/10 月期。

为全球历史进程的重要影响者。

"中国与世界的关系经历着历史性的深刻变化，当今中国正走向世界舞台中心。"中国社会科学院（简称中国社科院）历史学者于沛说。[①]

二、文脉存续，中华文明从失语到发声

（一）伏尔泰告诫：任何想要认识全球进程的思想家，都要着眼于东方

以文字的出现为诞生标志的中华文明，5000多年没有中断，这在世界上是仅有的。在众所周知的四大古文明中，时间上居第一位的是巴比伦（今伊拉克所在地）古文明，第二位是埃及古文明，这两个文明诞生的时间比中华文明大概早1000年，第四位是印度文明。四大古文明都具有各自的原创性，独立完成，然而只有中华文明绵延发展至今，是唯一"活着的文明"。

---

① 于沛：《从世界舞台边缘走向中心》，《人民日报》2014年9月30日。

中华文明对人类文明的发展作出过重大贡献，在很长的历史时期里都处于极为显著的位置。

公元前 8 世纪至公元前 3 世纪，是世界历史上一个学术思想十分活跃、文化成就异彩纷呈的时期。在中国、印度和希腊等地几乎同时出现了许多重要的思想家。中国出现了孔子与老子，接着是墨子、庄子以及诸子百家。在印度则是奥义书和佛陀的时代，正如在中国那样，各派哲学纷纷兴起，包括怀疑论和唯物论、诡辩术和虚无主义都发展起来。在伊朗，查拉图斯特拉提出了宇宙过程就是善与恶之间斗争过程的观念。在巴勒斯坦，则出现了以利亚、以赛亚、耶利米等许多先知。希腊产生了荷马和悲剧诗人，苏格拉底、柏拉图和亚里士多德等哲学家以及历史学家希罗多德和修昔底德。所有的这些巨大的进步都发生于少数几个世纪，并且是独立而又几乎同时发生在中国、印度与西方。这些伟大人物的涌现，奠定了人类智慧的基础。

在这个时期，人类开始自我反思，精神潜力得以发掘，迎来人类思想变革的一次质的飞跃。德国哲学家雅斯贝尔斯把人类这一关键性的转折时期称为"轴心时代"，认为当时人类的思想觉醒是前无古人后无来者的大转变。

时至今日，我们也许还无法解释在互无联系的不同地域，何以在同一时间点涌现出如此多的辉煌思想成就。但非常明确的是，中华文明的智者参与了对人类智慧的奠基，并且为这一智慧贡献了极为重要的部分。在最基本的问题上，人类智慧的三大源头展现出不同的鲜明特色，形成各自不同的传统，同时也都收获了人类文明不可或缺的文化成果。在人与自然的关系方面，希腊形成了科学的研究传统，印度形成了与婆罗门教、佛教密切相关的宗教研究传统，而中国则形成了重视伦常关系的人文研究传统。在人与人的关系方面，印度佛教主张众生无差别的平等，古希腊学者强调人类平等的内在矛盾，而中国儒家却发展了仁爱、礼义、中庸等思想以调和人与人的关系。在对于人性的看法上，印度把人理解为宗教的动物，希腊把人理解为城邦的，或者说政治的动物，而中国儒家则认为人是伦理的动物。

自轴心时代以来，中华文明在很长的时期都以比较发达的经济和文化构成世界文明的重要部分，显示出中华文明根脉的勃勃生机。历史上也有过少数民族入主中原的时期，比如，鲜卑族（北魏）、契丹族（辽）、女真族（金）、蒙古族（元）和满族（清）。当他们进入中原以后，不仅未能撼动汉族原有的生产方式和文化传统，反而逐渐接受了汉族文化，由此进一步推动了汉族文化与少数民族文化的交流、融合与发展，最终汇聚成多民族融合的中华文明。

　　直至 1800 年之前，中国毫无疑问还是一个屹立在亚洲的拥有辉煌文化成就和历史积淀的强大帝国，很多学者研究认为当时已经形成了以中国为中心的世界经济格局。这个帝国的实力和富足吸引了亚洲的周边国家纷纷前来朝贡，欧洲与中国的贸易和外交往来也越来越繁荣。即使在刚开始认识中国的西方，18 世纪中期至末期的中国也被普遍认为是世界上最先进的国家之一，它的世俗的政治和社会制度也曾赢得欧洲学者的极力赞赏。

　　西方与东方中国的直接接触是从 16 世纪开始的。16 至 17 世纪的西方对于中国有着强烈的兴趣。1585 年，西班牙人门多萨写作的《大中华帝国史》，15 年间就以 7 种欧洲的主要语言出版了 46 版。启蒙运动中大部分思想家，包括蒙田、莱布尼茨、魁奈、沃尔夫、伏尔泰等人，都积极了解和接纳中国及其思想文化。伏尔泰曾经直言不讳地告诫西方学者，任何想要认识全球进程的思想家，都要着眼于东方。莱布尼茨通过研究中西文化的个性特征和文化交流的进程，认为中西文化具有互补性。他在《论中国人的自然神学》一书中说：中国是一个大国，它在版图上不次于文明的欧洲，在人口与治国方面，还远超欧洲。中国具有（在某方面极其令人敬佩的）公共道德，并与哲学理论相贯通，又因其古老而受到尊敬。它很早就已建立，大约已有 3000 年之久，比希腊罗马的哲学都早。在中国文化中，他尤其推崇中国的伦理文化，认为：如果我们在工艺方面与中国发展相当，在理论科学方面有所领先的话，那么在实用哲学领域，即决定我们日常生活和习俗的道德和政治方面，我们肯定处于下风。

（二）百年屈辱：谁扫了泱泱大国的颜面？

然而，1840 年至 1842 年的第一次鸦片战争，使中国遭遇"数千年未有之大变局"，由此开始百年屈辱的近代史。习近平总书记在参观《复兴之路》展览时曾讲："近代以后，中华民族遭受的苦难之重、付出的牺牲之大，在世界历史上都是罕见的。"[1]

从文化的层面去看近代中国的巨变，我们必须承认在以爱国主义为核心的伟大民族精神引领中国人民不断奋起抗争，终于掌握自己命运的同时，中华文化也遭遇到前所未有的整体性危机。

在中华民族的融合发展史中，不止一次出现过少数民族入主中原。但 1840 年西方殖民者的入侵具有本质的不同，他们

---

[1] 《习近平谈治国理政》，外文出版社 2014 年版，第 35 页。

不仅有船坚炮利的蛮力，同时也代表了一种完成了资本主义制度变革并且取得工业革命成果的资本主义文明。晚清思想家杨度尖锐地指出："今日有文明国而无文明世界，今世界各国对于内皆是文明，对于外皆野蛮，对于内惟理是言，对于外惟力是视。故其国而言之，则文明之国也；自世界而言之，则野蛮之世界也。何以见之？则即其国内法、国际法之区别而可以见之。"①

的确，近代的西方可以说是野蛮与文明兼于一身，对内是洛克主义，讲究自由平等；对外是霍布斯主义，奉行的是弱肉强食。

近代以前，中国文化从未真正受到如此严峻的挑战。鸦片战争后，不仅地理意义上的"中国中心观"发生了根本的动摇，华夏中心的文化观也发生了动摇。"英国的大炮首先破坏了中国皇帝的权威，迫使天朝帝国与地上的世界接触。与外界完全隔绝曾经是保存旧中国的首要条件，而当这种隔绝状态在英国的努力之下被暴力所打破的时候，接踵而来的必然是旧制度解体的过程。"②这种解体不仅是传统的经济结构和政治秩序的解体，同时也是旧的根深蒂固的观念体系的解体。

鸦片战争以中国签订一系列屈辱条约而告终。残酷的现实

---

① 刘晴波编：《杨度集》，湖南人民出版社 1986 年版，第 217—235 页。
② 《马克思恩格斯选集》第 2 卷，人民出版社 1972 年版，第 3 页。

使中国人，特别是士大夫阶层、知识分子陷入两难困境。一方面，传统惯性使然，他们对华夏文明的优越性深信不疑，不肯放弃；另一方面不得不直面西方文明的先进性。特别是19世纪60年代以后，中国在与西方的对抗中屡战屡败以及由此而造成的心灵震撼，使部分精英知识分子和开明官僚开始重新认识华夏文明与西方文明，开始承认中国的"技"或"器"（科学技术）不如西方，提出要"师夷长技以制夷"，并展开了对近代中国影响深远的洋务运动。

1861年冯桂芬在《校邠庐抗议·制洋器议》中指出中国有四不如夷，呼吁"以中国之伦常名教为原本，辅以诸国富强之术"的制夷主张。张之洞在《劝学篇》中则更为直接地写道："旧学为体，新学为用。"他虽然承认"技"或"器"不如人，但依然强调中国传统文化的主导地位，主要向西方学习的是先进技术，而非文化。这也为重新认识"华夏文明"打开了一个缺口，至少说明华夏文明不是在所有方面都是最优越的，这一缺口很快就成为西学东渐的滚滚潮流，对中国文化缺陷的认识逐渐扩大，对西方文化的认同逐渐加强。西方文化从边缘地带逐渐进入中国文化的核心区域，同时也动摇了中国文化中心的观念。1894年的甲午战争从根本上粉碎了华夏文化中心观。严复在《法意·按语》中曾沉痛地指出："日本与中国，同时被创于西人者也，顾三十年之顷，日本勃然以兴，而中国痿然若不可救。" 华夏文明不但不是"天下"最优越的，甚至在东亚地区也不是最好的。不但"技"不如人，部分精英知识分子也认识到"政"或"道"（政治制度）亦不如人，轰轰烈烈的变法运动由此展开，对中国社会发展滞后原因的检讨与反思也逐渐深入，从制度之变到精神之变，从学习西方到五四时期呼吁"打倒孔家店"，声讨中国传统文化的价值，至此，对中华文明的过度自信一变而化为全盘否定。

　　同一时期，排除东方的欧洲中心论也成为西方主流的思想。19 世纪欧洲最显著的特征是开始于 18 世纪的工业革命在此期间逐渐完成并取得前所未有的经济利益。经济实力的雄厚与军事力量的强大，使得欧洲获得支配世界命运的霸权地位，对东方的殖民侵略变成了最后的征服。世界在欧洲的脚下，他们自然认为这是由文明的优越带来的。对于东方世界，他们似乎有足够的理由不屑一顾，征服者能从被征服者那里学到什么？被称为西方"近代史学之父"的兰克直言："印度和中国根本就没有历史，只有自然史。"[①]认为世界历史就是西方的历史，西方中心主义的文化观在这里可谓十分露骨。

---

　　① 〔美〕格奥尔格·伊格尔斯著，何兆武、王燕生译：《二十世纪的历史科学——国际背景评述》，《史学理论研究》1995 年第 1 期。

文化自信铸就大国复兴之魂

　　然而，濒临绝境的中华文明失去过文明的自信，但从未失去过文明内在的强大生机，更从未停止过提醒我们它曾经的辉煌和强盛。八国联军占领北京，这是中华文明临近灭亡的不祥征兆，但就在此时，甲骨文被发现和研究，让我们清晰地看到夏商周的伟大时代，我们现在确定的近5000年的文明史就是根据甲骨文而来的。

　　历史事实已经证明，西方列强用坚船利炮强行撬开中国国门，仅仅是武力上的占领，并没有在文化上取得胜利。在这次战争中，中国是战败了，但文明基因里的底气丝毫没有丧失，文化的血脉始终在流淌，以至于无数仁人志士先后走上救亡图存之路，也才有后来的孙中山振臂一呼：反清驱洋。中国共产党也正是在这一文化背景下孕育而成，直至脱颖而出。

　　2015年9月3日，是我国抗日战争胜利70周年纪念日。在9月3日的阅兵式上，习近平总书记的讲话两次提到5000多年的中华文明。他说抗日战争的胜利"捍卫了中华民族5000多年发展的文明成果""中华民族创造了具有5000多年历史的灿烂文明，也一定能够创造出灿烂的明天"。①

---

　　① 《习近平在纪念中国人民抗日战争暨世界反法西斯战争胜利70周年大会上的讲话》，《人民日报》2015年9月4日。

（三）上下五千年，他拉长了"中国特色"的时间轴

习近平总书记在新时代的今天，将如何带领中国打好改革的"下半场"，是中国人民和全世界都高度关注的问题。

历史的经验告诉人们，一个政党如果没有使命，为了权力而掌握权力，就必然走向衰落。而中国共产党是一个具有坚定信仰的使命党，经过了1949年之前长期的战争和革命斗争，也经过了改革开放以来40多年的国内建设，中国共产党不仅促成了中国社会经济的转型，更实现了自身从革命党向执政党的转型。其初心与使命，既一脉相承，又与时俱进。

党的十八大重申了党的十五大提出的"两个一百年"的奋斗目标：第一个一百年，是到中国共产党成立100年时（2021年）全面建成小康社会；第二个一百年，是到新中国成立100年时（2049年）建成富强民主文明和谐的社会主义现代化国家。第十八届中共中央政治局常委同中外记者见面时，习近平主席作出了对全世界的承诺："我们的责任，就是要团结带领全党全国各族人民，接过历史的接力棒，继续为实现中华民族伟大复兴而努力奋斗，使中华民族更加坚强有力地自立于世界民族之林，为人类做出新的更大的贡献。"①

---

① 《习近平谈治国理政》，外文出版社2014年版，第4页。

2012 年底，美国第 56 届总统大选结束后，奥巴马在芝加哥竞选总部发表了胜选演说《为了永远的美国梦》，这位圆了美国梦的首位非洲裔总统，以激情洋溢的语调在演讲中再次阐述了美国梦的核心精神："两百多年前，人民在这块曾经的殖民地上赢得了自己的命运；今夜，我们向实现完美联邦的目标又迈进了一步"，"我们每个人都可以追逐自己的梦想。美国同胞血浓于水，作为一个国家和民族，我们共起落，同荣辱。"①

这一年，中美几乎同时进行了权力交替。就在同一年，习近平总书记在中国国家博物馆参观《复兴之路》展览时，笃定而热情地提出了中国梦——实现中华民族伟大复兴。他说：中国梦是中华民族近代以来最伟大的梦想，凝聚了几代人的努力。改革开放以来，中国共产党终于找到了实现中华民族伟大复兴的正确道路——中国特色社会主义道路。习近平总书记坚信：我们比历史上的任何时期都更有信心、有能力达到这个目标。②

有媒体统计，党的十八大以来，习近平总书记在不同场合提及中国梦和"两个一百年"奋斗目标在百次以上。这是他为中国未来 30 余年所做的整体规划，并为此作出了"四个全面"

---

① 《奥巴马 2012 胜选演讲（全中英对照）》，中国网，http://www.china.org.cn/chinese/2011-11-08/content_27049609.htm.

② 《习近平谈治国理政》，外文出版社 2014 年版，第 35—36 页。

的战略布局。

2012 年广东考察之后，习近平总书记开始了一连串的大动作，深化改革。

在党的十八届三中全会上公布了"全面改革六十条"；在党的十九大报告里，更清晰地描述了中国梦和复兴旅程，他以"决胜全面建成小康社会，开启全面建设社会主义现代化国家新征程"来表述中共在新时代的使命——"从十九大到二十大，是'两个一百年'奋斗目标的历史交汇期"，"我们既要全面建成小康社会、实现第一个百年奋斗目标，又要乘势而上开启全面建设社会主义现代化国家新征程，向第二个百年奋斗目标进军"。①

综合分析国际和国内形势及中国的发展条件，习近平总书记在党的十九大报告里，分两个阶段清晰部署了未来中国 30 年的发展规划和目标：

第一个阶段，在全面建成小康社会的基础上，再奋斗十五年，基本实现社会主义现代化；

第二个阶段，在基本实现现代化的基础上，再奋斗十五年，把我国建成富强民主文明和谐美丽的社会主义现代化强国。

这是以习近平同志为核心的党中央展开的总体布局。中

---

① 《中国共产党第十九次全国代表大会文件汇编》，人民出版社 2017 年版，第 22 页。

国共产党从思想到组织，从目标到策略，正在迅速地、井井有条地重新列队，形成了向既定目标——两个百年大计的冲锋阵形。

中国整装待发。

世界上鲜有国家会制订三十年甚至五十年计划，但这却是中国的传统。早在改革开放之初，中国制定了 20 世纪末达到小康社会（即国内生产总值翻两番）的目标，并顺利完成。现在，中国提出了从 2020 年至 2035 年要实现国家的现代化；而从 2035 年至 21 世纪中叶——也就是在中华人民共和国成立百年之际，要把中国建成"富强民主文明和谐美丽的社会主义现代化强国"，要在国际大舞台和世界民族之林"成为综合国力和国际影响力领先的国家"。[①]

法国前总理多米尼克·德维尔潘在接受媒体采访时表示，中共十九大不仅对中国来说是迎来了一个新的阶段，它同时也开启了一个全球的新时代。它以清晰和宏伟的愿景引领中国迈出新的步伐，也在国家政策连续性和全球承诺方面给全世界以积极的信号。

[①] 《中国共产党第十九次全国代表大会文件汇编》，人民出版社 2017 年版，第 23 页。

　　世界一直希望能读懂中国，却一直无法破解中国改革开放迅速崛起的奇迹密码。无论是规模经济，还是后发优势，抑或是人口红利，都不能成为中国经济发展的最佳注脚。而一直企图以西方的民主和自由来诟病中国共产党的民主集中制的政治家，也只能眼睁睁地看着中国走出了一条既迥异于西方资本主义的民主道路，又完全有别于苏联与东欧的社会主义道路，并在这条道路上，疾走如飞，铸造辉煌。

　　众多的国际问题专家与政治家开始意识到中国有自己独特的发展规律，他们试图将其概括为"中国模式"或者"中国崛起"，但如上所说，除了给出一个名称，并对东方摇撼西方作出警示之外，没有任何他们熟悉的理论，能够用来解释这一独特的社会主义国家高速发展的现象。

　　作为一个大国领袖，习近平总书记没有选择理论探讨，而以一种整体的历史观，返回到中华民族的历史源头，作出了他治理中国的研判。

　　面对中国改革开放取得的成就和中国特色社会主义的建设，习近平总书记非常明确地指出：中国共产党领导人民进行社会主义建设，有改革开放前和改革开放后两个历史时期，这是两个相互联系又有重大区别的时期，但本质上都是我们党领导人民进行社会主义建设的实践探索。"虽然这两个历史时期在进行社会主义建设的思想指导、方针政策、实际工作上有很大差别，但两者决不是彼此割裂的，更不是根本对立的"。[1]

不仅如此，习近平总书记更认为当代中国的成就和发展，与中国传统文化的影响密不可分。他说："实现中国梦必须走中国道路。这就是中国特色的社会主义道路。这条道路来之不易，它是在改革开放30多年的伟大实践中走出来的，是在中华人民共和国成立60多年的持续探索中走出来的，是在对近代以来170多年中华民族发展历程的深刻总结中走出来的，是在对中华民族5000多年悠久文明的传承中走出来的，具有深厚的历史渊源和广泛的现实基础。"[2]

这是中国的最高领导人第一次将30多年的改革历程与5000多年的历史对接，将中国道路与中华文明贯通。也是中国最高领导人第一次精辟地阐明了中国30多年改革历程离不开5000多年灿烂的历史，中国道路也离不开中华文明。

中国道路由此具有了强烈的历史纵深感和深厚的文化

① 《习近平在2013年1月5日中央党校召开的新进中央委员会委员、候补委员学习贯彻党的十八大精神研讨班开班仪式上的重要讲话》，《人民日报》2013年1月6日。
② 《习近平谈治国理政》，外文出版社2014年版，第39—40页。

底蕴。

习近平总书记还进一步要求，在阐释中国特色的时候要做到"四个讲清楚"："讲清楚每个国家和民族的历史传统、文化积淀、基本国情不同，其发展道路必然有着自己的特色；讲清楚中华文化积淀着中华民族最深沉的精神追求，是中华民族生生不息、发展壮大的丰厚滋养；讲清楚中华优秀传统文化是中华民族的突出优势，是我们最深厚的文化软实力；讲清楚中国特色社会主义植根于中华文化沃土、反映中国人民意愿、适应中国和时代发展进步要求，有着深厚历史渊源和广泛现实基础。"①

"四个讲清楚"，拉长了"中国特色社会主义"的时间轴，接通了中华文明之脉。②

由此回溯，也许更有助于我们去读懂习近平总书记在广东调研时的讲话。在一次又一次强调深化改革开放的主题之际，他关于中华民族优秀文化传统的认识和判断，犹如历史的草蛇灰线，为未来提出文化自信，埋下了一个字字珠玑的伏笔。

这是习近平总书记的政治智慧，也是他站在今天的基点上，

① 《习近平谈治国理政》，外文出版社2014年版，第155—156页。
② 郭建宁：《优秀传统文化为治国理政提供丰厚滋养——学习习近平关于中华优秀传统文化的重要论述》，《中国特色社会主义研究》2017年第2期。

在纵向的历史挖掘和横向的各国发展道路比较中，以完整的历史观，为中华民族的全面复兴找到的根基和灵魂。而传统文化的血脉，流淌在每一个中国人的心中，且因其独特的魅力，在再度绽放之际，将对世界产生深远绵延的影响。

第一章

"文化自信"被写进党章意味着什么

党的十九大上，习近平总书记在报告中专辟了一个章节来阐述文化自信。在这次会议上，中华民族的伟大复兴和中国特色社会主义文化一并写入党章，文化自信首次与道路自信、制度自信、理论自信并列，成为中国共产党的行动纲领。

这并不是习近平总书记第一次谈"文化自信"，但写入党的十九大报告和党章，意味着"文化自信"被放置在一个前所未有的高度上，事实上，是在以习近平同志为核心的党中央治国理政的高度上。这意味着在中华民族的伟大复兴中，文化成为了必不可少，甚至是最根本性的标识。习近平总书记指出，"中华民族伟大复兴需要以中华文化发展繁荣为条件"。[①]

一、在国际舞台上，中国已经有数个世纪 没有像今天这样强大了

（一）"撸起袖子加油干"刷屏了

令人敬佩的品德修养，能凝聚万众人心，有着超乎寻常的

---

① 《习近平关于社会主义文化建设论述摘编》，中央文献出版社2017年版，第3—4页。

战略视野并能将其落到实处，这是通常人们对于领袖风范的概括和向往。习近平总书记的领袖风范一直为其他国家领导人所称赞，这跟他的博学多识、自信而富有卓越的领导才能以及良好的语言表达能力不无关系。

习近平总书记出席每一个场合的讲话的主旨都非常鲜明，对各类话题和古代诗词典故以及外国名人的业绩或故事常常信手拈来。在德国会见物理学博士出身的德国总理默克尔时，他会借用"牛顿力学三定律"阐释对发展中德关系的看法。他关于牢牢把握合作"惯性"、通过务实合作提升"加速度"、减少两国关系发展的"反作用力"等精辟论述，令不少德国人赞叹不已。美国前驻华大使骆家辉回忆自己担任大使期间亲历习近平主席与美国副总统拜登或其他高级官员会面时，就说习近平总书记习惯不看稿谈话，很有自信，且对中外历史非常了解，常常引经据典。

同中国几代领导人都有交往和友谊的新加坡原总理李光耀认为习近平主席身上有一种曼德拉似的坚韧和伟大，他说："习近平的大气让我印象深刻。他视野广阔，看待问题深刻透彻，但又丝毫不炫耀才识。他给人的感觉很庄重。这是我对他的第一印象。"荷兰首相吕特接受《人民日报》记者专访时，曾这样评价他："习近平主席视野开阔，高瞻远瞩，同时又十分熟悉具体情况。"①

习近平总书记非常自信，除了引经据典之外，他说话也特别接地气。曾有一位外国元首问他作为中国的国家主席，觉得自己的首要工作是哪些？他回答说，他始终放在心上的有这样几件事：五千年的中华文明不能搞丢了，老祖宗留下的地盘不能搞小了，我们确定的正确发展道路不能走歪了，老百姓的日子要过好了。

不仅在外交上给人如此印象，习近平总书记在国内的讲话也极具感染力。他的讲话或文章，既展示着中国传统文化的濡染，博览群书，引经据典，体现出他的博识和学养，也与日常的语言巧妙对接而平易近人。例如讲笃行，他在不同场合广泛引用《尚书》中的周成王告诫群臣要忠于职守、勤于政务的"功崇惟志，业广惟勤"，来勉励人们在实现中国梦和"两个一百年"的宏大发展目标道路上面对困难要有担当，同时又使用"逢山开路，遇水搭桥"这样通俗浅白的话语来鼓励大家踏踏实实走好每一步。在提醒党员干部谨防"贪欲"时，他既用《老子》中的"祸莫大于不知足，咎莫大于欲得"，以及《论语》中的"不义而富且贵，于我如浮云"等经典来阐明自重、自省、自励的修身之道，也明明白白地反复强调，为官发财，应当两道，

---

① 柯岩：《"中国选择了一位优秀领导人"——外国政要和媒体眼中的习近平》，《学习时报》2015 年 11 月 23 日。

领导干部千万不要既想当官又想发财，以致私欲膨胀，以权谋私，最终毁了自己、害了家人。

而自 2013 年起每年给全国人民拜年的新年贺词，则是习近平总书记与所有民众的直接对话，因而也最具领袖风范。

2017 年，正是党的十九大召开之年，也是习近平总书记即将总结一届任期、寄语未来的一年。这年元旦，他在新年贺词中梳理了对中国人民来说非凡的 2016 年——"十三五"实现了开门红："中国天眼"落成启用，"悟空"号已在轨运行一年，"墨子号"飞向太空，神舟十一号和天宫二号遨游星汉；中国奥运健儿勇创佳绩，中国女排时隔 12 年再次登上奥运会最高领奖台；举办了二十国集团领导人第十一次峰会，"一带一路"建设快速推进，亚洲基础设施投资银行正式开张；隆重庆祝了中国共产党成立 95 周年，纪念了中国工农红军长征胜利 80 周年；他最牵挂的是困难群众，一年来，又有 1000 多万贫困人口实现了脱贫……

在新年贺词中，习近平总书记引用了三个典故：开篇用清初王夫之的"新故相推，日生不滞"，表示新旧交替之际，人们须得继续努力，引出我们党将于 2017 年召开党的十九大，全面建成小康社会、全面深化改革、全面依法治国、全面从严治党要继续发力，天上不会掉馅饼，努力奋斗才能梦想成真；

继而以孙武的"上下同欲者胜",激励 13 亿多人民和衷共济,定可走完这一代人的长征;最后以孔子的"世界大同,天下一家",阐述人类命运共同体概念,表达了中国人民世界大同的愿望,以及他对世界的关注和祝福,真诚希望国际社会携起手来,把地球建设得更加和平和繁荣。

在引用典故之外,贺词中最受关注的,莫过于"撸起袖子加油干"这句实实在在的大白话。这句通俗生动的关于勤奋劳作的呼吁在移动互联网时代迅速通过社交媒体刷屏,成了 2017 年开年的流行词,下自"90 后"上至"40 后"都在传播,传播量动辄即以万甚至亿计。这种平民化的风格打动了每一个心怀梦想的中国人。人人似乎都能在这句极度励志的话语中找到朝向个人目标努力的勇气。

在接下来的调研中,习近平总书记在各地多次强调要"撸起袖子加油干""一张蓝图绘到底",包括在山西参观晋绥边区革命纪念馆后,他去看望当地贫困群众时说,人民群众对美好生活的向往就是我们的奋斗目标,请乡亲们同党中央一起,撸起袖子加油干!

通俗生动形象的语言表述,既展现出习近平总书记的个人魅力,同时也彰显了中华文化自信的魅力所在。

（二）党的十九大前夕，磅礴的中国

2017 年的中国在一片热情中拉开了序幕，"撸起袖子加油干""一张蓝图绘到底"成了一种国家态度和全国人民的自觉行动。

2017 年 4 月 1 日，党中央、国务院印发通知，决定设立河北雄安新区。雄安新区的横空出世，被誉为深圳样板、浦东样板之后的"雄安质量"。中央将其定位为"千年大计、国家大事"。

4 月 26 日，中国首艘国产航母在大连造船厂正式下水，其由我国完全自主设计、自主配套、自主建造，立下了又一座中国军事的里程碑。

5 月 5 日和 12 月 17 日，第一架、第二架中国首款拥有自主知识产权的客机 C919 先后试飞成功，最大航程超过 5000 千米，可与波音 737 和空客 A320 媲美。

6 月 26 日，由中国铁路总公司牵头组织研制、具有完全自主知识产权的标准动车"复兴号"正式在京沪线首发，时速高达 350 千米，堪称风驰电掣。

10 月 1 日，两架中国政府包机飞越 19 国，从加勒比地区接回 381 名受灾同胞；11 月，因火山喷发，约 1.7 万名中国游客滞留印度尼西亚巴厘岛，被祖国客机陆续接回。以撤侨行动为背景的电影《战狼2》，以56亿元人民币的票房刷新了中国电影票房纪录，成为唯一跻身世界影史票房榜前100名的中国影片。该片的导演兼主演、曾经的中国武术冠军吴京说了一句非常透彻的话：爱国情绪这把干柴已经被晒得特别透了，我只是一根火柴，点起了这把火。

中国的状态，就像歌曲《撸起袖子加油干》中描绘的一样。这首融合了RAP说唱、京剧唱腔、民族元素、通俗唱法等丰富艺术表现形式的歌曲在一天之内点击量即过亿，歌词第一句便是：磅礴的中国正从容不迫，希望的田野上遍地花朵。

二、将文化放在中国和世界发展的大势下进行考量

中国为什么能够走向复兴？5000多年文明延续不断是最大的底蕴。文明互鉴更是中国特色社会主义文化的主题曲。习近平总书记在多个国际场合强调，文明互鉴，就是彼此借鉴、相互学习。中国在清朝中晚期为什么衰落得那么快？就是缺乏文明互鉴。中国共产党如何在短短的几十年间，把曾经积贫积弱的中国，变成了如虎添翼的大国强国？依然是有赖于文明互鉴。

就在许多仁人志士找不到中国根本出路的时候，十月革命

一声炮响，给中国送来了马克思列宁主义。这种文明互鉴催生了中国的红色文化，并根据中国自身的发展，形成了中国特色社会主义文化。马克思主义在中国的发展，充分体现了中国共产党人的文化远见与文化自信，更体现出中国共产党对文化的重视。一个国家与民族对文化越重视，文化越繁荣，越有深度与魅力，也越自信。

（一）@9000 多万党员，你们知道党章做了哪些重要修改吗？

党的十九大于 2017 年 10 月 18 日至 24 日在北京召开。大会的主题是：不忘初心、牢记使命，高举中国特色社会主义伟大旗帜，决胜全面建成小康社会，夺取新时代中国特色社会主义伟大胜利，为实现中华民族伟大复兴的中国梦不懈奋斗。

18 日上午，习近平总书记作了题为《决胜全面建成小康社会 夺取新时代中国特色社会主义伟大胜利》的报告。所有人都注意到，一个新的词——"新时代"出现在报告中，这是习近平总书记为发展中的中国给出的新方位，"经过长期努力，中国特色社会主义进入了新时代，这是我国发展新的历史方位"[1]。

---

[1] 《中国共产党第十九次全国代表大会文件汇编》，人民出版社 2017 年版，第 8 页。

"中国特色社会主义进入新时代，意味着近代以来久经磨难的中华民族迎来了从站起来、富起来到强起来的伟大飞跃，迎来了实现中华民族伟大复兴的光明前景"，①习近平总书记在报告中如此诠释"新时代"对于中国的意义。但"新时代"的成果并不仅仅属于强起来的中国，中国特色社会主义的成功既是科学社会主义理论在 21 世纪的伟大实践，也为世界上其他渴望独立和发展的国家及民族，在西方的道路和体制之外，提供了新的选择和借鉴。因此习近平总书记进一步阐述："意味着科学社会主义在二十一世纪的中国焕发出强大生机活力，在世界上高高举起了中国特色社会主义伟大旗帜；意味着中国特色社会主义道路、理论、制度、文化不断发展，拓展了发展中国家走向现代化的途径，给世界上那些既希望加快发展又希望保持自身独立性的国家和民族提供了全新选择，为解决人类问题贡献了中国智慧和中国方案。"②

3000 余名中外媒体记者在这份近 3 万字的报告中找寻着不同的主题和重点，关注中国共产党对过去五年治理中国的总结和未来的布局。

---

① 《中国共产党第十九次全国代表大会文件汇编》，人民出版社 2017 年版，第 8 页。
② 《中国共产党第十九次全国代表大会文件汇编》，人民出版社 2017 年版，第 9 页。

文化自信 铸就大国复兴之魂

经济发展和贸易化无疑是最受关注的。世界期待，中国将通过自身发展为世界经济发展和贸易全球化提供有力支持，促进全球经济更加开放、更加繁荣。

在党的十九大报告中，"文化自信"被提到前所未有的高度。党的十八大以来，习近平总书记在不同场合提到的"文化自信"和社会主义文化建设在报告中被凸显得根本无法忽视——中国特色社会主义文化不仅与中国特色社会主义道路、理论、制度并列，习近平总书记更是在报告中重申了他之前提到过的"文化自信是一个国家、一个民族发展中更基本、更深沉、更持久的力量"这一判断。

在报告的十三个主题中，党的十九大报告用整整一章（报告的第七章）阐发了文化自信。报告以"坚定文化自信，推动社会主义文化繁荣兴盛"为题，强调文化自信的重要性及社会主义文化的内涵，并提出了建设社会主义文化强国的目标。在以极具中国色彩的语言描述中华民族的复兴之际，习近平总书记以铿锵有力的语气强调："文化是一个国家、一个民族的灵魂。文化兴国运兴，文化强民族强。没有高度的文化自信，没有文化的繁荣兴盛，就没有中华民族伟大复兴。"[①] 他进一步对建设社会主义文

---

① 习近平：《决胜全面建成小康社会　夺取新时代中国特色社会主义伟大胜利——在中国共产党第十九次全国代表大会上的讲话》，《人民日报》2017年10月28日。

化强国进行部署："要坚持中国特色社会主义文化发展道路，激发全民族文化创新创造活力，建设社会主义文化强国。"①

更令人瞩目的是，会议的重要议程之一——审议通过《中国共产党章程（修正案）》，也从另一个层面强调了社会主义文化建设及文化自信在中国复兴进程中的重要性。

《人民日报》的新媒体客户端在 10 月 24 日大会代表投票表决通过党章修改的当天，以新颖且吸引人关注的《@8900万共产党员十九大对党章做了这些重要修改》为新闻标题，对党的十九大党章重要的修改内容做了梳理，其中第二条就是"中国特色社会主义文化写入党章"。对此，该文进一步阐述："大会同意把中国特色社会主义文化同中国特色社会主义道路、中国特色社会主义理论体系、中国特色社会主义制度一道写入党章，这有利于全党深化对中国特色社会主义的认识、全面把握中国特色社会主义内涵。大会强调，全党同志要倍加珍惜、长期坚持和不断发展党历经艰辛开创的这条道路、这个理论体系、这个制度、这个文化，高举中国特色社会主义伟大旗帜，坚定道路自信、理论自信、制度自信、文化自信，贯彻

① 习近平：《决胜全面建成小康社会　夺取新时代中国特色社会主义伟大胜利——在中国共产党第十九次全国代表大会上的讲话》，《人民日报》2017年10月28日。

党的基本理论、基本路线、基本方略"。①

与此一同写入党章的，第一条就是习近平新时代中国特色社会主义思想。在党章中把习近平新时代中国特色社会主义思想同马克思列宁主义、毛泽东思想、邓小平理论、"三个代表"重要思想、科学发展观一道确立为党的行动指南。

此外，还有实现中华民族伟大复兴的中国梦，党的十九大作出的我国社会主要矛盾已经转化为人民日益增长的美好生活需要和不平衡不充分的发展之间的矛盾的重大政治论断，推进国家治理体系和治理能力现代化、供给侧结构性改革、"绿水青山就是金山银山"、人类命运共同体、"一带一路"、全面从严治党、"四个意识"、"党是领导一切的"、实现巡视全覆盖、推进"两学一做"学习教育常态化制度化等一系列新思想、新论断和新概念。

"文化自信"被提到治国理政的高度，并成为党的行动纲领，这在中国的历史上是第一次。"坚定文化自信事实上成了全面从严治党乃至整个治国理政的重要抓手和'阿基米德点'"。②

将文化自信写入报告与党章，并作为习近平新时代中国

---

① 《@8900万共产党员　十九大对党章做了这些重要修改》，人民日报客户端，http://news.youth.cn/gn/201710/t20171024_10913867.htm.
② 沈湘平：《深刻理解坚定文化自信的理论意义》，《中国教育报》2017年6月29日。

特色社会主义思想的重要组成部分，极大地提升了文化的重要地位，强化了文化的社会政治功能，具有重大的理论和现实意义。[①]

加强对中国重大文件的写作背景的了解，也许更有助于我们感知"文化自信"和"中国特色社会主义文化"出现在党的十九大报告和党章中的意义和分量，并对此肃然起敬。

根据新华社披露的《面对新时代的政治宣言和行动纲领——党的十九大报告诞生记》的数据，仅2017年2月20日至3月31日，党中央部署的21个重大理论和实践问题的调研，就有59个承担部门和单位组成80个调研组，深入1817个基层单位开展实地调研，召开1501次座谈会和研讨会，参会或接受访谈人数21532人，形成了80份专题调研报告。

党的十九大报告严谨到每一个字词都反复推敲，以便能准确无误地进行思想表达。参与党的十九大报告起草的中央财经委员会办公室副主任杨伟民讲过担任党的十九大报告起草小组组长的习近平总书记的一个小故事。杨伟民说，报告中，习近平总书记将党的十八届三中全会提出的"使市场在资源配置中起决定性作用和更好地发挥政府的作用"中的"和"改成了一

---

① 李文堂：《文化自信与文明复兴》，《学习时报》2017年11月10日。

个逗号。目的在于告诉大家政府和市场两个资源都很重要，但是作用和内涵不一样。习近平总书记为此听取了很多意见，反复斟酌。杨伟民详解道：市场主要配置资源，政府主要做好宏观调控，做好市场监管，做好公共服务，做好环境保护等这样一些工作。坚持社会主义市场经济的改革方向，让市场发挥更大的作用，特别是在资源配置中起决定性作用，这本身就是习近平总书记的重要思想之一，当然发挥市场配置资源的决定性作用，不是要否定政府的作用，但是这两个作用不是一回事，必须要隔开。

（二）一介儒生的最高理想和文化视野

中国台湾政治学者朱云汉在探索中共执政基础时，指出要了解中国长期维持一党执政体制，不可能不去考虑它的文化背景。这个背景应该是儒家文化圈内部最熟悉的，那就是建立在满足"民享"之上，而不是"民治"之上。它的政权基础很抽象，可以意会却不可言传，叫作"民心"，而不是选票。儒家思想强调的"民为邦本"，是一种有 2000 多年传统的精英政治模式。

朱云汉将中共政治体制中的中共中央组织部称为全球任务

最艰巨的人力资源管理部门。"这个人力资源管理部门面对的管理挑战，远远超过世界上最大的公司——不管是美国通用汽车还是微软。事实上它也远超过我们认为最庞大的一个官方机构——美国国防部。"①

在儒家文化里，修身、齐家、治国、平天下是人生的最高理想。2018 年春节期间，《人民日报》和中央电视台联合制作了微视频《人民领袖》，这个五分多钟的视频剪辑了习近平总书记历年来在各地，尤其是贫困地区调研考察的身影，并一改以往由主持人配旁白的做法，全部用的是习近平总书记自己的阐述，自己的声音。他讲到自己初中毕业十几岁时，从北京到陕北偏僻的延安市延川县梁家河村去当农民（知青），当地的贫困深深震撼了他，当时他很期盼的一件事，就是让乡亲们吃上一顿肉。他在这七年的农村生活中立下了自己的"治国"志向——从政，他从容而平静地说："从那个时候我就说，今后有条件有机会，我要从政，做一些为老百姓办好事的工作。"

即便是在贫瘠的陕北大地，习近平总书记依然通过各种努力，成就了一张丰富得惊人的书单。据《习近平的七年知青岁月》一书所披露，历史方面，他读范文澜的《中国通史》，并

---

① 朱云汉：《高思在云：中国兴起与全球秩序重组》，中国人民大学出版社 2015 年版，第 145—149 页。

佐以钱穆、吕振羽等不同版本的中国历史书籍互相印证、对比；他也读苏联历史学家谢缅诺夫的《中世纪史》，参考《基督教青年读本》一起看；马克思列宁主义的一些经典著作，如《共产党宣言》《法兰西内战》《哥达纲领批判》《反杜林论》《国家与革命》《资本论》等，是他反复阅读学习的，并在跟朋友的讨论思考中，他逐渐对当时很多"左"的做法，如长期无休止的阶级斗争有了新的认识，产生了疑问。中国经典古籍一直是他研读的对象，《史记选》《汉书选》《三国志》他都曾花工夫钻研过。在反复研读《中国古代思想史》的过程中，他对中国古代各个学派的基本观点和推广演变有了深刻的认识。古典诗词方面他读《离骚》《古诗源》《李白诗选》《三曹诗选》。雷平生说习近平喜欢曹孟德的悲壮苍凉，偏爱慷慨激昂、豪放自信的诗歌。李白的《将进酒》他背诵了很多遍。文学作品他读《静静的顿河》《九三年》《战争与和平》《一九一八》《悲惨世界》《鲁迅全集》，甚至为了一本歌德的《浮士德》，他来回走了三十里路向一位知青借书。他研习的还有军事和国际政治著作《罗斯福见闻秘录》《隆美尔战时文件》《太平洋战争》《岛屿战争》《马克思恩格斯军事文选》《战争论》《毛泽东军事文选》《中国古代军事理论选集》《三十六计》……

即便在今天，这张书单的分量之重都是震撼性的，它所指向的精神世界之深邃广博令人叹为观止。儒家先贤孟子在《生于忧患，死于安乐》篇中说："天将降大任于斯人也，必先苦其心志，劳其筋骨，饿其体肤，空乏其身，行拂乱其所为，所以动心忍性，曾益其所不能。"[1]

以《白居易琵琶行》《关山雪霁图》等作品流传后世的明代画家、书法家董其昌关于画论的一句话常被后人引用——"读万卷书，行万里路"。原意指一个人学画，虽需天赋，但也未尝不可以后天习得。读万卷书是纸上观摩，行万里路则是实地探访，而后心中自有山水，便可以洒脱画出。"胸中脱去尘浊，自然丘壑内营。立成鄞鄂，随手写出，皆为山水传神矣。"后人常将这句话用来比喻学以致用，理论结合实践。

儒家精神讲济世，个人的价值是被纳入传统中国意义框架的连续体中实现的。孟子说："天下之本在国，国之本在家，家之本在身。"一个人的价值，唯有经过"修身齐家"，才能"治国平天下"，而这一理想的成就，并不是纸上空谈。汤一介先生认为，儒家特别关切知行是因为"明明德"于天下，就不能仅是理念，必须见于事功。习近平总书记不仅在阅读上孜孜不倦、思考良多，在治国理政上，他的"行"也是有目共睹的。

---

① 出自《孟子·告子下》。

他有三句名言：

"当县委书记一定要跑遍所有的村。"

"当市委书记一定要跑遍所有的乡镇。"

"当省委书记一定要跑遍所有的县市区。"[①]

以通透的文化视野洞察并熟稔具体的事物，这种知行合一正是儒家精神的精华。

（三）提出文化自信是水到渠成

新中国的历代领导人都关注文化，强调文化建设的重要性。

早在1949年，毛泽东就指出："随着经济建设的高潮的到来，不可避免地将要出现一个文化建设的高潮。中国人被人认为不文明的时代已经过去了，我们将以一个具有高度文化的民族出现于世界。"[②]

邓小平在改革开放之初，便要求物质文明和精神文明一起抓。"我们要建设的社会主义国家，不但要有高度的物质文明，而且要

---

① 习近平：《做焦裕禄式的县委书记》，《学习时报》2015年9月7日。
② 《毛泽东文集》第5卷，人民出版社1996年版，第345页。

有高度的精神文明。所谓精神文明，不但是指教育、科学、文化（这是完全必要的），而且是指共产主义的思想、理想、信念、道德、纪律，革命的立场和原则，人与人的同志式关系，等等。""没有这种精神文明，没有共产主义思想，没有共产主义道德，怎么能建设社会主义？"①

2014年10月15日，习近平总书记在人民大会堂主持召开文艺工作座谈会，这是中华人民共和国成立以后第一次召开全国文艺工作者座谈会。著名编剧阎肃说，这让他想起延安文艺座谈会，那次会议"明努力方向、开风气之先、启一代文风，正本清源，振奋了全国人民"，而自己"一直在渴盼中央发出清晰有力的声音，重现文艺的朗朗天空"。事实的确如此。

毛泽东主持的延安文艺座谈会，主题是"笔杆子如何闹革命"，指出革命文艺的根本问题是"为什么人的问题"。70多年后，习近平总书记强调的是文化是民族生存和发展的重要力量，以及它应该如何为中华民族的伟大复兴做出应有的担当。虽然主题是文艺，对象是文艺工作者，但他谈话的深度和广度已经远远超越文艺本身。

习近平总书记谈的第一个问题是：实现中华民族伟大复兴

---

① 《邓小平文选》第2卷，人民出版社1994年版，第367页。

需要中华文化繁荣昌盛。面对"为什么要高度重视文艺和文艺工作？""首先要放在我国和世界发展大势中来审视""文化是民族生存和发展的重要力量"。[1]

"没有中华文化繁荣兴盛，就没有中华民族伟大复兴。""没有先进文化的积极引领，没有人民精神世界的极大丰富，没有民族精神力量的不断增强，一个国家、一个民族不可能屹立于世界民族之林。"[2] 习近平总书记指出。

习近平引述了邓小平的话，说：邓小平同志早就告诫我们，风气如果坏下去，经济搞成功又有什么意义？会在另一方面变质！[3]

如果民族精神力量是一盘散沙，任何物质力量都不过是沙上之塔。

习近平总书记以完整的历史观和文化观，指出了中华文化在国家存亡之际的民心凝聚和精神支撑作用，"中华民族有着5000多年的文明史，近代以前中国一直是世界强国之一。在几千年的历史流变中，中华民族从来不是一帆风顺的，遇到了

---

[1] 《习近平总书记在文艺工作座谈会上的重要讲话学习读本》，学习出版社 2015 年版，第 2 页。

[2] 《习近平总书记在文艺工作座谈会上的重要讲话学习读本》，学习出版社 2015 年版，第 5、6 页。

[3] 《习近平总书记在文艺工作座谈会上的重要讲话学习读本》，学习出版社 2015 年版，第 25 页。

无数艰难困苦，但我们都挺过来、走过来了，其中一个很重要的原因就是世世代代的中华儿女培育和发展了独具特色、博大精深的中华文化，为中华民族克服困难、生生不息提供了强大精神支撑"。①

在这次文艺工作座谈会上，习近平总书记引人注目地提出了"文化自信"，认为"增强文化自觉和文化自信，是坚定道路自信、理论自信、制度自信的题中应有之义"。②

"文化自信"的提出，可以说是在中国道路走到关键之处，在备受"精神危机"和"信仰危机"困扰的情况下，中国必然要向5000多年中华文化的精神家园回归。

2016年7月1日，在庆祝中国共产党成立95周年大会上的讲话中，习近平总书记对"文化自信"特别加以阐释，指出"文化自信，是更基础、更广泛、更深厚的自信"。其语境更为庄严，观点更为鲜明，态度更为坚决，表明这既是文化理念又是指导思想。他指出："坚持不忘初心、继续前进，就要坚持中国特色社会主义道路自信、理论自信、制度自信、文化自信，坚持党的基本路线不动摇，不断把中国特色社会主义伟

---

① 《习近平总书记在文艺工作座谈会上的重要讲话学习读本》，学习出版社2015年版，第2、3页。

② 《习近平总书记在文艺工作座谈会上的重要讲话学习读本》，学习出版社2015年版，第28页。

大事业推向前进。"①

　　文化自信于是成为继道路自信、理论自信和制度自信之后，中国特色社会主义的"第四个自信"。

　　为什么我们在"三个自信"之外还需要"文化自信"？对此，习近平总书记给出了答案。

　　因为"文明特别是思想文化是一个国家、一个民族的灵魂。无论哪一个国家、哪一个民族，如果不珍惜自己的思想文化，丢掉了思想文化这个灵魂，这个国家、这个民族是立不起来的"②；因为中国优秀传统文化，"可以为治国理政提供有益启示，也可以为道德建设提供有益启发"③，"我国今天的国家治理体系，是在我国历史传承、文化传统、经济社会发展的基础上长期发展、渐进改进、内生性演化的结果"④；更因为"只有坚持从历史走向未来，从延续民族文化血脉中开拓前进，我们才能做好今天的事业"，"没有文明的继承和发展，没有文化的弘扬和繁荣，就没有中国梦的实现"。⑤

　　① 《习近平谈文化自信》，《人民日报（海外版）》2016年7月13日。
　　② 《习近平：在纪念孔子诞辰2565周年国际学术研讨会暨国际儒学联合会第五届会员大会开幕会上的讲话》，《人民日报》2014年9月25日。
　　③ 《习近平：在纪念孔子诞辰2565周年国际学术研讨会暨国际儒学联合会第五届会员大会开幕会上的讲话》，《人民日报》2014年9月25日。
　　④ 《改进完善国家治理体系　我们有主张有定力》，《人民日报（海外版）》2014年2月18日。
　　⑤ 《习近平在联合国教科文组织总部发表演讲》，《人民日报》2014年3月28日。

2017 年 10 月 28 日，党的十九大闭幕之后，中国最权威的官方通讯社新华社发送了一条特殊的稿件——《中国共产党章程》（全文），修改后的党章如此写道，改革开放以来我们取得一切成绩和进步的根本原因，归结起来就是：开辟了中国特色社会主义道路，形成了中国特色社会主义理论体系，确立了中国特色社会主义制度，发展了中国特色社会主义文化。全党同志要倍加珍惜、长期坚持和不断发展党历经艰辛开创的这条道路、这个理论体系、这个制度、这个文化，高举中国特色社会主义伟大旗帜，坚定道路自信、理论自信、制度自信、文化自信，贯彻党的基本理论、基本路线、基本方略，为实现推进现代化建设、完成祖国统一、维护世界和平与促进共同发展这三大历史任务，实现"两个一百年"奋斗目标、实现中华民族伟大复兴的中国梦而奋斗。

第二章

文化，中国曾经强大将来必然复兴的法宝

为什么将"文化自信"提高到治国理政的高度？

中国人为什么对中国文化如此自信？

翻阅中华历史，不难发现，中国灿烂的文化，使中华民族在人类史上曾一度连续辉煌了 1000 多年。春秋战国时代的诸子百家，奠定了大秦统一的文化基础，此后的汉唐宋元明清（中前期）文化对中国文化的繁荣和发展起着决定性的作用。中国文化的魅力，不仅中国人民有深切的体会，就连外国学者也沉迷其间。

阿诺德·汤因比堪称 20 世纪最伟大的历史学家，在其四卷本的皇皇巨著《历史研究》中，他总结概括了人类在近 6000 年历史上出现的 26 个文明形态，其中只有中华文明是唯一不曾中断、持续发展着的文明。这一奇迹足以把中华文明同其他文明形态区分开来，显示出它所具有的超乎寻常的生机活力。

2014 年 3 月 27 日，习近平主席对联合国教科文组织展开历史性访问并发表了重要演讲。他特别指出："中华文明经历了 5000 多年的历史变迁，但始终一脉相承，积淀着中华民族最深层的精神追求，代表着中华民族独特的精神标识，为中华民族生生不息、发展壮大提供了丰厚滋养。"①

---

① 《习近平在联合国教科文组织总部发表演讲》，《人民日报》2014 年 3 月 28 日。

对于中华文脉 5000 多年连续性的论断，绝非只是文明发展史的一个总结概括。习近平总书记对中华文明的阐述，也并不是要向现代化的中国昭示出传统文化的精神资源，更不是要以源远流长的文明历史为国家荣誉增加可有可无的装饰。实际上，对于一脉相承的中华文化的认同，意味着对于理解包括中国革命、中国社会主义建设在内的现代化转型，中华传统文化已经是必不可少的参照。这种建基在文化连续性的理解，将会深刻影响中国走向全面复兴的道路和方式。

因此，我们必须重新审视绵延不断的中华文化的古今勾连，以及伴随着国运起伏的文化兴衰，特别是回顾中华文化如何在经历近代西方文明前所未有的冲击后又一次神奇般复苏，从而在中华文明不绝如缕的勃勃生机中，接触到其古老而强健的文化根须。

一、从轴心时代到"两个一百年"奋斗目标

"两个一百年"在习近平总书记自党的十八大以来的公开讲话与文章中，出现超过 100 次，其重要性非同寻常，与中国梦一起，成为引领中国前行的灯塔。

"第一个一百年，是到中国共产党成立100年时（2021年）全面建成小康社会；第二个一百年，是到新中国成立100年时（2049年）建成富强民主文明和谐的社会主义现代化国家。"① 习近平总书记对中国未来的筹划，使任何了解一些中华传统文化的人，都会联想到属于中国最早一批经典书籍《礼记》中小康和大同的理想。

在纪念孔子诞辰2565周年国际学术研讨会暨国际儒学联合会第五届会员大会的讲话中，习近平总书记解释了作为中国执政目标之一的"小康"一词的来源："中国共产党人始终是中国优秀传统文化的忠实继承者和弘扬者，从孔夫子到孙中山，我们都注意汲取其中积极的养分。中国人民正在为实现'两个一百年'奋斗目标而努力，其中全面建成小康社会中的'小康'这个概念，就出自《礼记·礼运》，是中华民族自古以来追求的理想社会状态。"他指出："使用'小康'这个概念来确立中国的发展目标，既符合中国发展实际，也容易得到最广大人民理解和支持。"②

---

① 习近平：《习近平在庆祝中国共产党成立95周年大会上的讲话》，《人民日报》2016年7月2日。
② 习近平：《在纪念孔子诞辰2565周年国际学术研讨会暨国际儒学联合会第五届会员大会开幕会上的讲话》，《人民日报》2014年9月25日。

中华文明最早孕育出的对人类社会的憧憬，越过千载，依然影响着今日中国对未来的想象。

（一）欲"大同"必先"小康"，邓小平力挽狂澜的传统基点

1978 年 12 月，邓小平在党的十一届三中全会上向全世界明确地宣示，中国要在 20 世纪末初步实现现代化。中国国家方向的调整一时为世界所瞩目。

次年，日本首相大平正芳访华时当面提出疑问，想要让邓小平解释一下中国所说的要在 21 世纪建设成四个现代化，到底是个什么样子。

邓小平说明了中国 20 年后要达到当时日本的国民生产总值的水平，看对方并不明白这个目标的用意何在，就说："我们要实现的四个现代化，是中国式的四个现代化。我们的四个现代化的概念，不是像你们那样的现代化的概念，而是'小康之家'。到本世纪末，中国的四个现代化即使达到了某种目标，我们的国民生产总值人均水平也还是很低的。要达到第三世界中比较富裕一点的国家的水平，比如国民生产总值人均 1000 美元，也还得付出很大的努力。就算达到那样的水平，同西方

来比，也还是落后的。"①

极具中国传统儒家思想色彩的"小康"一词，就这样洗尽意识形态的铅华，在一个无比坚定的马克思主义者口中，重返中国的政治舞台。

想必是刚刚经历"文化大革命"的冲击，即便邓小平的翻译也对传统文化的词汇太过隔阂。时任外交部亚洲司日本处副处长的王效贤竟把"小康"翻译为身体恢复健康，以至于日本首相告别时说："祝您和中国人民早日小康。"邓小平回道："好好，小康，我们大家都小康。"②

邓小平口中的"小康"，对于像他那样曾经接触过旧时代教育的中国人来说，其实耳熟能详，而且说起"小康"，必定会想到"大同"。

"小康"一词最早出现于《诗经·大雅·民劳》中，"民亦劳止，汔可小康"。意思是说，老百姓终日劳作不止，最大的希望就是过上小康的生活。

"大同"一词最早见于《庄子·在宥》："颂论形躯，合乎大同，大同而无己。"是指圣人与天地万物融合为一的境界。

---

① 曹普：《"小康"构想与 1983 年邓小平苏杭之行》，《百年潮》2008 年第 8 期。
② 《邓小平首提"小康"概念难倒翻译》，《解放日报》2016 年 12 月 6 日。

此后儒家经典《礼记·礼运篇》，将大同和小康的观念化作两种理想社会。大同是儒家的最高理想社会。在这个社会里，财产公有，人人平等，社会和谐。所谓："大道之行也，天下为公。选贤与能，讲信修睦。故人不独亲其亲，不独子其子，使老有所终，壮有所用，幼有所长，鳏寡孤独废疾者皆有所养，男有分，女有归。货恶其弃于地也，不必藏于己；力恶其不出于身也，不必为己。是故谋闭而不兴，盗窃乱贼而不作，故外户而不闭，是谓大同。"

而小康则是低于大同的社会，但是社会生活稳定，治理有方，国泰民安。所谓："今大道既隐，天下为家。各亲其亲，各子其子，货力为己，大人世及以为礼。城郭沟池以为固，礼义以为纪。以正君臣，以笃父子，以睦兄弟，以和夫妇，以设制度，以立田里，以贤勇知，以功为己。故谋用是作，而兵由此起。禹、汤、文、武、成王、周公，由此其选也。此六君子者，未有不谨于礼者也。以著其义，以考其信，著有过，刑仁讲让，示民有常。如有不由此者，在埶者去，众以为殃，是谓小康。"

自古以来，传统诠释儒家大同、小康之意的书籍可谓是汗牛充栋，仁者见仁、智者见智的争论也不绝于史书。但众所周知的一点是小康社会是比大同低一等、退一步的理想。革命家如邓小平，明确强调小康为现实目标，这是从中国国情出发做出的重大抉择。

综观中国近代史，洪秀全、康有为、孙中山无不以"大同"作为最高的奋斗理想。洪秀全在《原道醒世训》和《天朝田亩制度》中，引述大同思想，提出"无处不均匀，无人不饱暖"的口号；康有为历经十八年之久，"上览古昔，下考当今，近观中国，远揽全地"，写出他的传世之作《大同书》；孙中山在《五族协力以谋全世界人类之利》一文中，将大同思想与西方近代思想相结合，提出要"使中国进入世界第一文明大国"，而且进一步要使世界人类各民族共致大同，"若能扩充其自由、平等、博爱之主义于世界人类，则大同盛轨，岂难致乎"？

而早在1949年，毛泽东就在其所写的《论人民民主专政》一文中指出，康有为写了《大同书》，他没有也不可能找到一条到达大同的路，而共产党人已经找到了这条路。

对于见证过改革开放使中国发生巨大改变的人来说，邓小平强调低一等、退一步的小康理想，对于中国的发展何其关键是不言而喻的。然而，邓小平的这种智慧，既源于他实事求是地面对现实，又来自中华文明魅力的启发。

其实，强调小康目标的重要性的思想，早已在中华文化史中有所显现。写作《大同书》的康有为就说："今方据乱之世，只能言小康不能言大同，言则陷天下于洪水猛兽。"只能够"以小康义救今世"，断断不可"以大同义行今世"。因为大同社会是一个君子国，人人皆是君子圣人。换言之，大同世界是遥远的事，现在千万不能推动，阶段不能逾越，否则会天下大乱。所以康有为甚至还叫停了他的弟子梁启超出版《大同书》的举动，在康有为生前，此书一直没有公之于世。

联系新中国的历史，如果以"大跃进""文化大革命"的灾难来注解"洪水猛兽"，又以邓小平之后的改革开放来注解"以小康义救今世"，我们不禁要说思想家康有为的简明断语充满历史的穿透力，而政治家邓小平的果敢决断则是力挽狂澜。即便邓小平的决策与康有为的思考只是同一文明历史中并无关联的两座奇峰，但不可否认的是，每当中华文明试图要摆脱困局，试图去构思未来的时候，文明深处的话语并未寂静无声，而是等待着——并且也最终等到——被这个文明再一次聆听。

（二）"天人合一"，是中国文化对人类的伟大贡献

所谓大同、小康的思想，与盛行在当代中国的"天人合一""厚德载物""以民为本"等许多观念一样，都诞生在中国的一个特殊时期——中华文明的轴心时代。

德国哲学家雅斯贝尔斯在《历史的起源与目标》一书中指出，以公元前500年为中心，从公元前800年到公元前200年，人类的精神基础同时并且独立地在中国、印度、波斯、巴勒斯坦和希腊等地区开始奠定。直到今天，人类仍然依托在这种精神基础之上。这段时间所发生的思想突破，建立了一个直到今天仍旧是我们的生活需要围绕的轴心。

中华文明在这个时代诞生了灿若群星的人物：思想家如老子、孔子、墨翟、孟轲、庄周、韩非；政治家如管仲、子产、晏婴、商鞅；史学家如左丘明；诗人如屈原、宋玉；军事家如吴起、孙武、孙膑；外交家如蔺相如、苏秦、张仪；医家如扁鹊；水利家如李冰；天文学家如甘德、石申……创立诸子学派的孔墨老庄等人，是中国文化史上第一批百科全书式的渊博学者。他们以巨大的热情、雄伟的气魄，开创学派，编纂中华文化最早的经典著作，并对宇宙人生等无比广阔的领域发表纵横八极的议论。

回顾中华传统文化的历史，除了引自印度但后来又中国化的佛教文化，中国产生的所有重要的思想学派，在那一时期都已经奠定了基础，并达到为后人所仰望的高峰。所有后来文化史上的重要人物，都承认以那个时代的伟大人物为师。仅仅在一个世纪之前，中国学者在创造文化产品时的一种主要方式还是对那个时代的经典进行注解。

中华文明在轴心时代所提出的思想原则，塑造了中国的文化传统，一直以或明或暗的方式，在国家的治理、文化的创造乃至日常生活等多个层面深刻地影响着中国。我们不妨分析一下中国政府在试图处理生态问题时所采取的观念和思路，来看它所呈现出的中华文明的独特思考。

在谈到生态问题时，习近平总书记提出："建设生态文明，首先要从改变自然、征服自然转向调整人的行为、纠正人的错误行为。要做到人与自然和谐，天人合一，不要试图征服老天爷。"[①]

这里所提及的天人合一，正是在轴心时代就已诞生的，可以说是中国传统文化最具代表性的思想。中华文化的发展脉络和总体特征都与这一文化主题息息相关。

由于技术理性的盛行，特别是启蒙运动以来科学技术似乎无止境的进展，西方社会在面对生态环境问题时，通常采取纯粹技术化的解决思路，就是通过科学技术的进步和创新来解决生态问题。实际上，受西方科技文明影响甚深的中国，同样也盛行这种思想。实际上，即使是西方也早已意识到，技术理性

---

① 《习近平关于社会主义生态文明建设论述摘编》，中央文献出版社2017年版，第24页。

的解决思路必然行不通。因为生态问题的产生，本身就是技术进步、经济增长和环境保护之间的矛盾。通过技术创新降低环境危害，无非是采取两种方式，一是采用更有效率的消耗能源的技术；二是使用无公害或危害小的技术。

对于前者，西方学者早已发现效率提高并不必然减少能源消费，反而往往意味着更多的消耗，会加速资源枯竭的速度。例如，改进使用汽油的技术可以提高汽油的利用效率，但同时也使得马路上的汽车增加，这反过来加速了汽油的消耗，同时也会加剧空气污染。这就是所谓的"杰文斯悖论"，它是19世纪经济学家杰文斯在研究煤炭的使用效率时发现的。在提高煤的使用效率方面，原本以为效率的提高能满足人们对煤的需求，然而结果是，效率越高，消耗的煤就越多，煤炭总量就会更快耗竭，人们的需求更加无法得到满足。

那么我们能够期待无危害的技术在保证经济增长的同时可以阻止生态的恶化吗？北美生态学家福斯特对此坦言：尽管可以通过技术手段减缓环境恶化的趋势，但经济增长所产生的灾难性后果却是无法避免的。按照现在的世界生产总量增长速度，如果年平均经济增长率为3%，那将意味着接下来的一个世纪世界经济总量将增长16倍，这将超出自然资源的生态极限。地球不可能支撑这种几何式的增长方式。①

单纯依赖现代科技文明，生态问题必然是无解的困局。正因如此，我们看到习近平总书记正如他的前辈在遭遇困局时那样，从倾听中国古代文化的智慧中找寻方案和灵感，首先着眼于调整人的行为，保持人与自然的和谐。

随着中国走向全面复兴，中国未来在生态问题上取得为世界瞩目的长足进展只是时间的问题，这不仅说明了轴心时代的中华文化的现代活力，也将印证钱穆在其辞世前的最后遗稿中所讲的："我曾说'天人合一'论，是中国文化对人类最大的贡献。……西方人喜欢把'天'与'人'离开分别来讲。换句话说，他们是离开了人来讲天。这一观念的发展，在今天，科学愈发达，愈易显出它对人类生存的不良影响。"②

（三）中华民族伟大复兴的内涵究竟是什么？

实现中华民族伟大复兴，被习近平总书记称为"中华民族近代以来最伟大的梦想"。那么何谓"复兴"？中国近代以来

---

① 〔美〕约翰·贝拉米·福斯特著，刘仁胜、肖峰译：《马克思的生态学——唯物主义与自然》，高等教育出版社2006年版，第17页。

② 钱穆：《中国文化对人类未来可有的贡献》，《中国文化》1991年第1期。

在怎样的背景下提出民族的复兴？且赋予它怎样的内涵？

自近代中国引入西方文化以来，在中国的文化思考中，"复兴"一语必然是和西方文明史上14至17世纪的"文艺复兴"这一关键事件密不可分。在中国受到西方文明的强大冲击、转向以西方为师的近代，西方文艺复兴时期所孕育的人文精神，经由此后西方启蒙运动的发挥，几乎就是当时中国文化领域呐喊呼吁的全部主题。

蔡元培就曾经将新文化运动与西方文艺复兴相提并论。1934年他在《中山文化教育馆季刊》创刊号上发表的文章中写道："吾人一说到文化运动，就不能不联想到欧洲的文艺复兴，因为它实在是文化运动上最显著的一个例证。……观察我国的文化运动，也可用欧洲的文艺复兴做一种参证。"

所谓西方的文艺复兴，是认为文艺曾经在希腊、罗马的古典时代高度繁荣，但在西方中世纪的黑暗时期却已经衰败湮灭，直到14世纪之后才获得"再生"和"复兴"。换言之，文艺复兴不过是西方在重新回忆它们在轴心时代的文明成就的基础上，进而形成它们崭新的文化主张。复兴的意义就在于反本开新。

20世纪初，五四一代的思想精英——胡适、蔡元培、梁漱溟等人已经开始从思想文化入手寻求复兴之路。他们纷纷从

"文化复兴""文艺复兴"的视角，讨论民族复兴的问题。希望从中吸纳西方文明的优秀成果，进而开创新局，使中华文明重新屹立于世界文明之林。

习近平总书记在文艺工作座谈会上的讲话中明确指出，雅斯贝尔斯说明"轴心时代"的这段话，讲得很深刻，很有洞察力。而"轴心时代"理论的接受，对于我国当前文化建设与发展意义重大。①

"轴心时代"距离今天已经过去2000多年，今天在此谈论它，是在于它所奠定的基础性价值和原则，不是过时了，而是尚未彻底实现。因此必须一次次回溯并重返这个本原，从中开拓出中华文明的新时代。这也正是雅斯贝尔斯那句名言的寓意所在："直至今日，人类一直靠轴心期所产生、思考和创造的一切而生存。每一新的飞跃都回顾这一时期，并被它重新点燃。"②

（四）"轴心时代"的士及其人文精神

中国之所以在春秋战国时期进入"轴心时代"，是因为这

---

① 罗容海：《"轴心时代"的意义在于反本开新》，《光明日报》2015年11月2日。
② 〔德〕卡尔·雅斯贝尔斯著，魏楚雄、俞新天译：《历史的起源与目标》，华夏出版社1989年版，第14页。

是中国历史上首次重大的社会变革和文化转折的时期。在这场社会巨变之中，孕育出的前所未见的重要历史现象，就是士的崛起和士文化的繁荣。

春秋战国时期的中国社会具有两个显著特征。其一是王室衰微，诸侯争霸，各自为政。

在将近300年的春秋期间，原有的"普天之下，莫非王土，率土之滨，莫非王臣"的政治格局被彻底打破。司马迁曾经在《太史公自序》中这样描述诸侯争霸的激烈："《春秋》之中，弑君三十六，亡国五十二，诸侯奔走不得保其社稷者不可胜数。"在接下来的250余年的战国时期，情形就更为惨烈，这段时间发生的大小战争220余次。《孟子·离娄下》描述当时的战争："争地以战，杀人盈野；争城以战，杀人盈城。"从这里可以看到，"轴心时代"的中国正处于乱世危局，正是在这种极端情形下，中华文明迎来精神的最初突破。

其二是社会结构发生巨变，传统的宗法制度和礼乐制度走向衰落。

原有制度的解体，带来一系列重大的社会调整。首先是原有的世袭制度逐渐向官僚制度转移。早先那些可以得到世袭俸禄的世卿大夫，他们的政治地位逐渐被新产生的官僚所代替，这些新兴官僚因为个人的才干获得俸禄，与自己所属的宗族并无关系。其次，政治上用人的方式，从用人唯亲转向用人唯贤。以往君王是对宗族亲戚分封土地建立属国，让他们辅佐王室，渐渐地君王开始注重布衣卿相、礼贤下士的选才用才方式。

在变革动荡的社会中，士人成为一个崛起的社会阶层。

传统的士，都受过一些礼、乐、射、御、书、数的六艺的教育。战争时期，可以作为下级军官；和平时期，可以作为卿大夫的政治助手。他们的地位也是世袭的。也就是在贵族等级制度中，他们有固定的地位、固定的生活和固定的工作。

传统的士作为最低阶层的贵族，社会地位是非常低的，这点从战国墓葬的等级制度就可以看得非常清楚。当时的墓葬分为五个等级：王、诸侯、卿、士和庶人。王的墓室的封冢的大小是2丈4尺（战国时的1尺约相当于今天20厘米），封冢要种的树是松树，葬具使用的是三椁两棺；诸侯的礼制是1丈2尺、柏树和二椁二棺；卿享有的礼制则是8尺、柳树和一椁二棺；而士与庶人的封冢大小都是4尺，种的树都是榆树，只不过士可以一椁一棺，而庶人无棺或者只有一棺。也就是说，士的社会地位和庶民阶层几乎是一样的。

到了春秋战国时期，士失去了原来的世袭权利和稳定地位，成为只能依靠自己在六艺方面的知识自谋生活的游士。这种情况下，很多士人通过发愤读书，踏入社会上层，取得了相对独立的人格，并成为当时社会中最为活跃的群体。而诸侯为了稳固统治，确立霸主地位，则想方设法招揽人才。

在当时，一个诸侯国是否能够吸引士，对于这个国家的国力来说举足轻重。对此，王充在《论衡·效力篇》曾经这样描述："入楚楚重，出齐齐轻，为赵赵完，畔魏魏伤。"正因如此，战国时代才会出现中国最著名的四大养士的贵族：齐国孟尝君、赵国平原君、魏国信陵君和楚国春申君。其中孟尝君养士最多，门下竟有 3000 余众。

这样的社会情形就给士人们提供了施展才智、改善社会地位的广阔空间。士人大多知识丰富、思想敏锐、敢作敢为，具有完备的思维和雄辩的才能。他们通过办私学、周游列国等方式扩大自己的影响，为春秋战国时代带来了最活跃的创造和变革的力量。

在一定程度上，这些渴望着建功立业的新兴士人塑造了中国传统知识分子独有的理想品格，并一直对我们今天的评价坐标产生着关键影响。其中最突出的，是不以经济利益和个人生活安逸为重，而以天下为己任的博大胸襟。无论是儒家的孔子、孟子在当时周游列国，向诸侯国君推荐自己，一展抱负，或者是墨家著名的墨子救宋的壮举，或者是道家的庄子提出的"应帝王"的政治思想，或者是法家的李悝、吴起、申不害、商鞅的积极变法，都表现出了那个时代士人们对于政治的强烈参与意识。

同时，士人又是具备严格道德自律的群体。儒士以杀身成仁、舍生取义为理想，以君子喻于义、小人喻于利的品格自诩；墨士交相利，兼相爱，为了道义赴火蹈刃，死不旋踵；法家之士则循名责实，严正无私。

随着士阶层的兴起，过去由官府完全垄断文化的局面分崩离析，逐渐发生学术下移的过程，士主持的私学蓬勃发展。这就造就了一元的官学文化消解，多元的私学文化竞相发展的局面。

春秋末年私立学门者不乏其人。鲁国的乐师师襄、郑国的邓析等人都收徒讲学，而创立私学影响最大的则是有三千弟子的孔子。

士的崛起和私学勃兴促进了诸子百家争鸣的形成，这也是中国轴心时代的文化标志。它以文化的空前活跃和思想的原创性，对中国思想产生了最深远的影响。诸子百家其实是对当时众多流派的一种概括性说法，西汉的司马谈和刘歆将其总结为儒家、道家、名家、法家、阴阳家、农家、纵横家、杂家和小说家等。对中国产生深远影响的思想流派大部分已经在这一时期诞生。

百家争鸣引发了学科的分化，哲学、文学、医学、数学、农学、军事学、天文学等空前繁荣。所以王国维曾将春秋战国称为"中国思想之能动时代"，它充满原创的生机活力，是没有外来文化影响下的一次文化的自主创造，将中华文化提升到前所未有的高度。

"轴心时代"所形成的中华文化的一些根本性的人文精神，融入民族的血脉，成为维系民族生存发展的重要基础和动力。这些文明的基因，有待于人们不断地挖掘以及重新诠释，从而为解决当代的问题找寻答案。我们不妨举出其中特别突出的两点：一是自强不息、刚健有为的进取革新的精神；二是贵和尚中、和而不同的和谐精神。可以看到，在思考当代中华文明的未来，定位中华文明在世界文明中的位置等重大问题上，习近平总书记仍旧是坚定地返回到中华文明的根基之处，并从中寻找中华文明的前行方向。

2018年3月10日，习近平总书记在参加十三届全国人大一次会议重庆代表团审议时指出，实现中华民族伟大复兴，有如我们先人所讲，要苟日新、日日新，要天行健、自强不息。这里的典故出自《易经·易传》中的"天行健，君子以自强不息"，意思是人要效法健动有力、周行不止的天，刚健有为，勇于革新。在中国政治历史上，每一次革新变法，如王安石变法、康梁维新等，这种刚健自信的精神都唤起改革者百折不回的意志。

在 2015 年博鳌亚洲论坛上，习近平主席发表演讲时引用中国古代思想家孟子的话"夫物之不齐，物之情也"，并指出，不同文明没有优劣之分，只有特色之别。在认识世界的时候，中华传统文化将同和异结合得很好，保持了二者之间微妙的张力和平衡，从而使冲突差异的各方能够兼容并包，共存并处，相互调剂。美国学者亨廷顿著名的文明冲突论，倡导我们应当基于全世界不同宗教与文明间的深刻冲突来理解全球政治。观点一出，风行世界。或许，东方的古老智慧能够为人类文明开辟出不一样的视野和未来。

二、透视国运兴衰治乱的文明密码

从轴心时代到文明失语，中华文明经历过世界之巅般的辉煌，也遭遇过灭顶之灾时的低谷。在中国经济占据世界几乎半壁江山的那 11 个世纪里，人们大概做梦也想不到有一天中华文明会濒临亡国灭种的边缘。在救亡图存的那个时代，谁又能料到，匆匆百年，中华民族的复兴来得是如此之快。我们固然以事后之见，看得比前人更多更远，然而更重要的，是从中华文明的起伏兴衰，去透视这一文明持久的生机，并从它的过去展望它的未来。

（一）中国的文明复兴，绝非回到曾经的文明自负

有一个最近才被人们广泛注意到的重要历史事实，是中国在公元 1820 年之前的 1000 多年当中，一直保持着世界最大经济体的超级强国的地位。

英国著名经济史学家麦迪森所作的研究表明，中国的GDP 总量从公元 1 世纪到 1820 年，一直保持着超过东西欧总和的纪录。[①]

在公元 1 世纪，中国的汉朝和同时期占据欧洲的罗马帝国，在经济发展上基本处于同一水平，人均收入水平基本一致。西汉末年，中国 GDP 占世界总量的 26.2%，基本相当于鼎盛时期的美国在世界总量中的比例。

到了北宋早期，也就是公元 1000 年，中国 GDP 占世界

---

① 〔英〕安格斯·麦迪森著，伍晓鹰、马德斌译：《中国经济的长期表现》，上海人民出版社 2008 年版，第 19 页。

总量的 22.7%。虽然这时的中国毫无疑问仍然是当时世界的最大经济体，但从汉代到宋代，整整 1000 年的时间，中国的经济发展和国民财富积累基本上是停滞的。这主要是因为古代社会王朝更替的巨大破坏性。王朝建立的初期，基本上会让整个国家退回到一穷二白的境地。

中国的经济地位在宋代达到鼎盛时期。以 2009 年的美元购买力为标准，据估算北宋仁宗时期中国的 GDP 高达 2000 亿美元，占到当时全球总量的 50% 以上，这可以说是一个前无古人、后无来者的纪录。即便是世界头号经济强国美国，在最巅峰的时期，其 GDP 也只是占到全球的 30% 左右，而号称"日不落"的大英帝国，在 19 世纪中叶最强盛时期，其 GDP 也未曾超过全球的 40%。以人均 GDP 来计算，那时的中国已经超越 2000 美元，这是 800 年后，西方发生近代工业革命，逐渐步入现代社会之后才达成的目标。而中国再次达成人均 2000 美元 GDP 的时间，已经是 2006 年。

中国经济在宋代达到鼎盛时期以后就开始停滞不前，但直到 1820 年，中国依旧保持世界最大的经济体的地位，GDP 总量占世界份额的 32.4%。

埃尔文在《中国过去的模式》一书中描述了中国在西方工业革命前的 1000 多年里保持着经济高度繁荣的景象。农业上，随着大量的人口从中国干旱的北方地区迁徙到多雨的江南地区，牛耕轮作等新的农业技术逐渐出现，垦荒数量快速增加，到 13 世纪时，中国农业的生产力已经处于世界最高水平。农业的高度发展为工商业发展提供了基础。从汉代开始，中国工业就有了较大的发展，宋代则达到历史高峰。以铁的使用为例，11 世纪末，中国铁产量已达 15 万吨，人均水平是同期欧洲水平的 5 到 6 倍。由于农业、工商业的高度发展，13 世纪的中国城市的繁荣景象让马可·波罗惊讶万分，而他正来自以发达的商业著称的威尼斯。①

这样一个强盛的帝国，它与周边的世界是一种什么样的关系呢？

鸦片战争之前，中国并没有近现代意义上的"外交"概念，当然也没有相应的组织机构。因为近代以来的"外交"，本身就是源于西方文明的概念，它的基础、核心和目标是经济，也就是主权和利益，而主权之争最终又还原为利益之争。

中国传统的对外交往，如果姑且也称为外交的话，是建立在文化的基础之上，并以文化的宣示、传播，以华夏文化的德化天下为目标的。因此它的基本模式就是：出则宾服四方，入则万国来朝。从张骞出使西域到郑和下西洋，两千年来几乎没

---

① 林毅夫：《李约瑟之谜、韦伯疑问和中国的奇迹——自宋以来的长期经济发展》，《北京大学学报（哲学社会科学版）》2007 年第 4 期。

有根本性的变化。

由于中国古代文明长期处于东亚地区的核心地位，从而使中国与周边国家形成了"宗藩"关系。中国是"宗主国"，是天朝上国，周边国家是"藩国"。接受中国教化、称臣纳贡的是"熟藩"，否则就是"生藩"。所以古代中国只有"理藩院"，没有"外交部"。

这些情形生动地体现了中华传统文化中独特的"天下"观：天下一家，中国居中。

一方面，在国与国的交往中，传统中国的目标是"协和万邦"，而方式首要是"以德服人，以礼待人"。我们可以看到，中国几千年来基本上都是追求文化立国，以中国在文化上的无比优越性来感化周边地区，以流播文化为使命，而不在于资源掠夺，也不会主动干涉周边国家的内政。即使有对外的武力征服，大多也是出于维护边疆安定的考虑。中国的朝贡国仍然拥有现代意义上的主权和独立。所以说，中国所追求的，从来不是西方所追求的控制别国的世界霸权。天下一家与霸权主义是截然不同的方向。

但另一方面，一家之内还是有严格的尊卑次序，有内外和优劣之分。中国居天下之中，四夷居天下之偏。东夷、北狄、西戎、南蛮，这些环绕中国的蛮夷之地，越接近中心的地方文明程度越高，越远的地方越野蛮。这种"中国中心论"，无疑是传统文化中的糟粕，也正是此后中国由极盛转向极衰的内在原因。

（二）《皇舆全览图》与中国现代化进程中的"李约瑟难题"

2014年3月，习近平主席访欧期间，德国总理默克尔赠送给习近平主席一件意外的礼物—— 一幅1735年德国绘制的第一张精确的中国地图，版图的面积超过1350万平方千米，完美展现了古中国的风采。

鲜为人知的是，早在德国人绘制地图的10多年前，康熙就组织了西方的传教士们绘制出了一张当时最精确的《皇舆全览图》。参与绘制地图的耶稣会士雷孝思将此图送回法国，根据这张地图制作的《中国新图》就在欧洲公开出版了，默克尔所赠的地图正是来源于此。但1840年，当英国人拿着中国地图用坚船利炮轰开清帝国的大门时，《皇舆全览图》依然深锁在清宫深处，并未对经济社会的发展起到任何实际作用。

2014年6月9日，习近平总书记在中国科学院第十七次院士大会、中国工程院第十二次院士大会的讲话中点出了一个在研究中国文明时非常复杂的问题："我一直在思考，为什么从明末清初开始，我国科技渐渐落伍了。"随后他举出《皇舆全览图》的例子："1708年，清朝政府组织传教士们绘制中国地图，后用10年时间绘制了科学水平空前的《皇舆全览图》，走在了世界前列。但是，这样一个重要成果长期被作为密件收藏内府，社会上根本看不见，没有对经济社会发展起到什么作用。反倒是参加测绘的西方传教士把资料带回了西方整理发表，使西方在相当长一个时期内对我国地理的了解要超过中国人。这说明了一个什么问题呢？就是科学技术必须同社会发展相结合，学得再多，束之高阁，只是一种猎奇，只是一种雅兴，甚至当作奇技淫巧，那就不可能对现实社会产生作用。"①

习近平总书记所点出的问题，常常被称为"李约瑟难题"。英国著名科技史家李约瑟在研究中国科技发展史时发现，清代以前，中国的科技水平乃至经济发展水平在世界上遥遥领先，但是西方世界在哥白尼、牛顿等人发展了现代科学技术之后，迅速后来居上，那么，为何现代科技没有发生在中国？或者至少迅速地吸收接纳这些成果？为何中国科技逐渐落伍了？

如果我们把这个问题放大来看的话，它其实就是在问：一

---

① 《习近平谈治国理政》，外文出版社2014年版，第124—125页。

个强大如斯的中华文明，为何会走向衰落？当人们从经济的层面，甚至是社会制度的层面，都找不到问题的答案的时候，我们就会发现问题是出在文明内在的精神层面上。

习近平总书记对这一问题的思考实际上直指问题的要害：中华文明面对西方文明成果所采取的态度。

就以康熙组织完成《皇舆全览图》一事来说。在中国历代帝王中，康熙对西方科学技术的关注，可以说是绝无仅有的。他一生以极大的热情了解和学习西方的学术和文化，涉猎范围十分广泛，对天文学、数学、物理学、化学、医学、地理学、测量学、逻辑学、音乐都有相当的研究，甚至对于当时西方科学研究的前沿成果也并不陌生，是中西文化交流历史上的重要人物。

1708 年，经过大量的准备工作，康熙下令测绘中国各省地图。这次测绘是在白晋、雷孝思、杜德美等西方传教士的帮助下，采用天文、大地三角等当时西方科技的测量方法。

从康熙四十六年（1707 年）开始试测，到康熙五十七年（1718 年）编绘成集，《皇舆全览图》一共历时 11 年。测绘工作分省进行，各省边测边绘。每省测完，地图也很快绘成。将中国广袤的国土，在这么短的时间完成实地测量，的确是件了不起的功业。更重要的是，这一测绘成果在世界上亦属领先，是这一领域科技发展的空前事件。

当时的欧洲各国，全国性的测量或者尚未起步，或者刚刚开始。如果以完成同样性质的测量的时间来计算，最早的是法国，在1793年。英国是1895年。而其他欧洲国家则要到19世纪末20世纪初了，比中国清初的地图测绘几乎晚了一个世纪。中国率先成此大业，当时国力的强盛可见一斑。

这一测绘工作不仅规模宏大，测量的精确、技术的成熟以及获得的成果也是空前的。李约瑟在其巨著《中国科学技术史》中评价道："它不但是亚洲当时所有地图中最好的一幅，而且比当时的所有欧洲地图都更好、更精确。"此次测绘在世界上最早以地球经线的长度来确定标准的尺度，实质上就是以地球的形体来确定长度的单位，这是一种比传统所有的确定长度单位的方法都远为精确的先进方法。西方正式采用这种方法已经是70年后。而且这种方法一直被沿用，直到1960年才被新的技术所代替。

此外，此次测绘对当时科学的前沿发展也有重大意义。当时西方的学界，围绕着地球形状的问题，正处在激烈争论的时期。牛顿提出的"地球扁圆说"，认为地球的形状是赤道较粗的扁的圆球形。卡西尼提出的"地球长圆说"，认为地球的形状是赤道比较细的瘦长的圆球形。双方分垒对峙，无法定论。

这次的测绘，实际上为牛顿的观点提供了有力的实证，这是世界上首次通过实测而获知地球的准确形状。

然而遗憾的是，《皇舆全览图》作为宫廷密件被藏入内府，完全无意普及推广，致使地图完全失去其实用价值。而欧洲传教士则把《皇舆全览图》的复制品和相应资料带回西方，公之于众，广为流传。

曾经组织过世界上最先进地图测绘的中国，在后来官方绘制的《西域图志》中，却倒退回旧有的方法，重新与以往一样不绘制经纬线。而民间绘制的《西藏图考》《西招图略》《卫藏图识》等，不仅不绘制经纬线，甚至连比例尺也不重视。

一度获得的科学技术成果，不能产生实际的作用，也不能有效地积累，社会整体的科技水准只能是不进反退。当历史的天平向西方倾斜，工业革命带来的巨变，就让中西之间的富强和衰弱顷刻易位。

康熙以皇帝身份亲研西学，对中国最初的西学东渐不无助益，但他也具有极为明显的历史局限性和传统局限性。他对西方科技的兴趣，不过是猎奇和雅兴，并没有真正认同西方科技文明的价值。他既不建立长期稳定的科研机构，也不鼓励中国学者参与中西文化交流。而且，康熙积极倡导"西学中源"说，认为西方文明的成果说到底是来源于中华文明，对西方文明持贬低态度，其对中华文明的虚骄自负一览无遗。

从中我们可以看到，首先，对照现代西方科技文明的兴起，中华传统文化存在明显的缺失和不足。正因如此，中华文明在此后的发展中，必然需要，事实上也的确以开放革新的胸襟，生长出新的重要的文化成分。不论是此后的中国革命文化的形成，还是社会主义先进文化的发展，实质上都源于中华文化面对西方文明冲击所做出的探索和回应。

同时，如何将中华传统文化与现代科技文明协调安放，并不是一个容易解决的问题。时至今日，许多弘扬传统文化的学者，动辄以现代科技文明作为反面的典型，将现代科技置于一种"器"和"物"的层面，否认现代科技对社会、对人的实践方式的改变，也否认其对人的思想特征的深刻改变。这种理解现代科技的视野，与康熙那样的传统人物的观念其实并无二致。问题的存在意味着中华文化仍有前行的动力，弘扬传统文化不可能是复古，而是不断在当下的问题中开出新局。

三、新文化运动中断了中华文脉吗

　　新文化运动是中国文化史上的重大转折，代表着中华文明开始向现代化转型的起点。习近平总书记曾经高度赞扬了这一时期为中华文化带来的持久贡献和创新精神。

　　如果我们对这场文化运动稍加了解，就会发现一个奇特的现象：在那个时期，一批接受过最好的中国传统文化教育的人，一批在传统文化修养上我们只能对其仰望的人，对传统文化进行了完全摧毁式的抨击。

　　他们的抨击绝不是温和的，绝没有我们所熟悉的那种在取其精华和去其糟粕之间保持平衡和张力的说法。他们的的确确直白地倡导和鼓吹"全盘西化"，到处呼吁"要少——或者竟不——看中国书"。为何会有这种决绝的态度？难道他们不晓得，他们自己身上最美好的那些东西，不正是他们所要摧毁的那个文化所涵养出来的吗？而当他们掀起的风暴过后，中华文化是否就转向了一个完全陌生的方向？

（一）胡适和鲁迅鼓吹全盘西化，是另有苦衷还是言不由衷？

1929 年，胡适写作《中国今日的文化冲突》，首倡"全盘西化"一词。他曾经这样说："这种急需的新觉悟就是我们自己要认错，我们必须承认我们自己百事不如人。不但物质上不如人，不但机械上不如人，并且政治社会道德上都不如人。"①

如何能够想象，这样的话语竟会出自一个传统文化熏陶出来的温润如玉的君子之口。

胡适与江冬秀，这是一对外人眼里极不般配的夫妻。一个是名满天下的大才子、学贯中西的大学者，一生中曾史无前例地获得过 36 个博士学位；一个是大字不识的乡下小脚老太太。胡适的母亲在胡适 14 岁时定下这门婚事，当时胡适并不知情。订婚后，胡适外出求学，十年间二人都未曾谋面。出于对母亲的孝顺，26 岁的胡适，奉母命在赴美留学期间回国完婚。后来，即便在友人极力怂恿他离婚的情况下，一生反对封建婚姻的胡适也并没有离婚，而是将这个婚姻当成母亲给自己的一份礼物。

胡适对待传统婚姻的态度和行为，是许多旧式文人都做不

---

① 胡适：《胡适文存》（三），黄山书社1996年版，第24页。

到的。从他日常生活可以看到，他骨子里透着对传统文化的尊重和认同。因此我们也就不难理解，他竟会在人生的最后 20 年与中国古书相伴，几乎倾全力研究郦道元《水经注》这部并非特别显眼的传统经典。

在中国文化史上，1925 年的"青年必读书"风波，是一个非常著名的事件。当时的《京报副刊》征求"青年必读书"，胡适和梁启超之前都开过"最低限度的国学书目"，而鲁迅则写了《青年必读书》一文，提出："我以为要少——或者竟不——看中国书，多看外国书。"

我们不必据此怀疑鲁迅本人中国古书读得少，甚或相比于外国书少些。根据鲁迅博物馆保存的鲁迅藏书，其中共有中文线装书 946 种、7704 册；中文平装书 866 种、1112 册，包括科学、文学、艺术、历史、地理等；其他的如俄语、日语、德语、法语、英语等书籍 3167 册。承载着中国传统文化的线装书在鲁迅的藏书中册数最多，占藏书总数的近七成。

对鲁迅的经历稍加了解，就会发现，对中国古代文化的学习、研究、介绍和整理，贯穿鲁迅的一生。且不说他早期在三味书屋的读书经历与传统文化密不可分。16 岁以前的鲁迅就读完了四书五经，并且几乎读遍十三经。当他在 28 岁留学日本时学习西方的新学，撰写过《说镭》《中国地质略论》《中国矿产志》《人之历史》和《科学史教篇》等介绍或研究西方自然科学的文章，但与此同时，他还跟随章太炎先生学习《说文解字》，研究古文字学。作为学者的鲁迅，从 30 岁起就开始整理中国古书，包括辑录唐以前的小说佚文《古小说钩沉》，越中的史地书《会稽郡故书杂集》，唐代记载岭南风物人情的《岭表录异》，清代的水产著作《记海错》，还有研究古代文学的《中国小说史略》和《汉文学史纲要》，并且花费大量时间抄录古碑、研习佛经。

所以也毫不奇怪，当鲁迅的好友许寿裳私下请他为自己刚上大学的儿子许世瑛推荐中国文学的书籍时，鲁迅列出的书单共计 12 部。其中有王充的《论衡》、葛洪的《抱朴子外篇》、刘义庆的《世说新语》、王定保的《唐摭言》、计有功的《唐诗纪事》、辛文房的《唐才子传》、严万均的《全隋文》、丁福保的《全隋诗》、胡应麟的《少室山房笔丛》、吴荣光的《历代名人年谱》，以及清乾隆朝编的《四库全书简明目录》等。同时他还为这些书的阅读指明了要义和着眼点。

胡适鼓吹全盘西化，可是自己不但没有全盘西化，而且比别人都要洋溢着传统文化人的味道；鲁迅鼓吹不要读中国古书，可是自己比别人都还读得更多更深些。我们列举这些新文化运动的领袖们的"言行不一"的地方，当然绝非是质疑他们的私德，而是因为，对于这样的人物来说，言行看似矛盾的地方，必定是有不得不为之的苦衷，因此也恰恰就是理解他们的关键。

（二）新文化运动，以自残的方式换取民族的延续和生存

要理解新文化运动那些文化领袖貌似极端的言论，我们必须回顾那个时代的背景。那个时代诚如国歌所唱的那样，中华民族到了最危险的时候。传统读书人此时也正在经历着巨大的心理冲击。

1905 年 9 月 2 日，袁世凯、张之洞等一批清廷高官联名上奏朝廷请求停止科举，明确提出国家生死存亡之际，一刻千金，必须立即推广立足实学的新式学校，而推广学校，必须先要停止科举。就在当天，光绪皇帝颁下谕旨，向全天下宣布"所有乡、会试一律停止"，宣告了从隋唐开始的延续 1300 多年的科举制度的终结。

从社会的政治文化机制来说，科举是中国传统社会不断更新精英阶层的最基本的机制。在传统中国，科举考中的诚然很少，但只要是读书人，基本上都会想着去考科举，因为在他们

的意识中，已经认同了一整套中国传统精英的思想和生活方式。

晚清废除科举意味着，在个人层面上，传统读书人正在遭遇着彻底的迷茫和彷徨，在社会层面上，就是传统中国的整个政治文化机制的彻底崩溃和瓦解。在整个机制崩溃以后，中国面临着全面重组社会的巨大任务。建立全新的符合现代社会的一整套机制，绝不是一件容易的事。

但毋庸置疑的是，当时无论如何必须输入西方近代的文明，改造中国传统社会。而这种输入和改造，绝非是今天那种随随便便引介一些西方的学说可以比拟的，它将改变旧有的习俗风尚，扰乱人旧有的情感依归，其实也就是对已有价值秩序的完全颠覆。

曾经被敬仰的，如今可能要被践踏；曾经被贬抑的，如今可能要被高举。要进行这种改造，何其困难和痛苦。

在这样的背景下，我们就可以领悟，新文化运动中那些看似偏激的口号，实在只是胡适、鲁迅这些文化领袖们给命悬一线的中国社会开出的一剂猛药，目的就是为输入西方文化清理出必需的心理空间。

1935 年 3 月 17 日，胡适在《独立评论》第 142 号的编辑后记中的解释最可说明这一点："我是主张全盘西化的。但我同时指出，文化自有一种'惰性'，全盘西化的结果自然会有一种折中的倾向……现在的人说'折中'，说'中国本位'，都是空谈。此时没有别的路可走，只有努力全盘接受这个新世界的新文明。全盘接受了，旧文化的'惰性'自然会使他成为一个折中调和的中国本位新文化。如果我们自命做领袖的人也空谈折中选择，结果只有抱残守缺而已。……我们不妨拼命走极端，文化的惰性自然会把我们拖向折中调和上去的。"

胡适的"全盘西化"的"策略"所针对的正是两种趋向：一是希冀中西文化融合、折中的各种文化空谈；二是自恃传统文化的源远流长而故步自封，蔑视外来文化的保守认知。

只有理解胡适的全盘西化的观念只是一个策略，才可能理解为什么在提倡新文化、推动新文学运动时，突然提到"整理国故"。

胡适发表于1919年的《新思潮的意义》，取副标题为"研究问题 输入学理 整理国故 再造文明"。研究问题、输入学理是方法，通过整理国故，也就是梳理、评判旧有的文化，达到再造文明的目的。

可见胡适在提倡新文化运动时，并不是要抛开或否定中国固有文化，移植西方文化，而是要研究传统文化，吸收西方文化，以创造新的文化。没有"整理国故"，没有对传统文化的研究，就不能"再造文明"。

胡适把"整理国故"分为四步：第一步"是有条理的整理"，用历史的眼光梳理学术思想的材料；第二步"是要寻出每种学术思想怎样发生，发生之后有什么影响效果"；第三步"是要用科学的方法，做精确的考证，把古人的意义弄得明白清楚"；第四步"是综合前三步的研究，各家都还他一个本来真面目，各家都还他一个真价值"。可见，这完全是一项学术的工作，也正是胡适用力的方向。

全力倡导外来的文化，必然会冲击到传统文化。这些学贯中西的文化精英们，何尝不比任何人都更清楚传统文化中有多少优秀的养分，但是在生死存亡之刻，也不得不以自残的方式来换取民族的生存和延续。

被毛泽东称为"新文化运动的总司令"的陈独秀，对孔子及儒学激烈批判，但他在《敬告青年》一文中坦言："吾宁忍过去国粹之消亡，而不忍现在及将来之民族，不适世界之生存而归消灭也。"

正是因为清楚知道陈独秀等人反对儒家文化的背后苦衷，就连当时提倡儒家文化复兴的梁漱溟也深表同情和理解："从前的人虽想采用西方化，而对于自己根本的文化没有下彻底的攻击。陈先生他们几位的见解，实在见的很到，我们可以说是对的。"①

新文化运动的文化领袖们，虽然不留余地地抨击文化传统，但他们心中所期待的却是这一传统的劫后重生。

当新文化运动尘埃落定，胡适以"文艺复兴"对五四以来的中国文化变革进行了概括。他说："缓慢地、平静地、然而明白无误地，中国的文艺复兴正在变成一种现实。这一复兴的结晶看起来似乎使人觉得带着西方色彩。但剥开它的表层，你就可以看出，构成这个结晶的材料，在本质上正是那个饱经风雨侵蚀而可以看得更为明白透彻的中国根底——正是那个因为接触新世界的科学、民主、文明而复活起来的人文主义与理智主义的中国。"②

不论在中华文明的血脉中融入了多少西方文明的血液，当文明康健复原的时候，依然保有文明的强健基因。正如胡适晚年的自辩："有许多人认为我是反孔非儒的。在许多方面，我对那经过长期发展的儒教的批判是很严厉的。但是就全体来说，我在我的一切著述上，对孔子和早期的'仲尼之徒'如孟子，都是相当尊崇的。我对十二世纪'新儒家'的开山宗师的

---

① 梁漱溟：《东西文化及其哲学》，商务印书馆 2009 年版，第 5 页。
② 胡适：《中国的文艺复兴》，外语教学与研究出版社 2002 年版，第 151 页。

朱熹，也是十分崇敬的。"①

四、影响中国最深的外来思想是马克思主义

如果评价一下，在中国文明史上，哪种外来的思想对中国的影响最为重大深远，大概候选者只能是佛教和马克思主义了。然而佛教毕竟只是影响了中华民族的文化心理，唯有马克思主义在影响文化心理的同时也决定性地改变了中国的政治制度和社会结构。如果说中国共产党的诞生是"开天辟地的大事变"，那么与之一脉相承、彼此融合发展的马克思主义，才是近代以来对中国影响最深远的外来思想。

印度佛教自东汉传入中国以来，一直经历着中国化的过程，最终演化为中国化的佛教形态，形成中国传统文化一个不可分割的重要部分。

马克思主义在中国接受和发展的中国化的过程，直到今天仍在持续着并展现出强劲的活力。2018 年 4 月 23 日，习近平总

---

① 胡适口述，〔美〕唐德刚译注：《胡适口述自传》，广西师范大学出版社 2005 年版，第 258 页。

书记在主持中共中央政治局第五次集体学习时强调："与时代同步伐，与人民共命运，关注和回答时代和实践提出的重大课题，是马克思主义永葆生机活力的奥妙所在。……要吸收人类创造的一切优秀文化成果，不断深化对共产党执政规律、社会主义建设规律、人类社会发展规律的认识，发展21世纪马克思主义、当代中国马克思主义，续写马克思主义中国化新篇章。"[①]

回顾马克思主义的中国化过程，可以看到，这一过程既是由中华文明的文化基因所决定的历史性选择，也是与传统文化以及现代化实践不断联结互动的过程。

（一）西方的反西方主义

中国走向现代化的开端，在如何面对和学习西方文明的问题上，产生了巨大的分歧。梁漱溟代表的保守主义、胡适代表的自由主义、李大钊和陈独秀代表的马克思主义形成了三足鼎立的思想格局。那么，为何最终是马克思主义能够在中国赢得人心，成为主导呢？

在中国现代化的开端之处，不论是对于传统文化还是西方

[①] 《习近平：深刻感悟和把握马克思主义真理力量　谱写新时代中国特色社会主义新篇章》，《人民日报》2018年4月25日。

文化，中国其实都同时面临着两难的抉择。以儒学为主的传统文化，固然可以称为伟大的遗产，但也滋生出"吃人"的礼教。中华民族在西方文明的冲击下濒临绝境，其责难逃。所以中国必须以西方为师，然而吊诡的是，西方文化既是文明的导师，同时却又象征着让中华民族岌岌可危的西方霸权。

1918年，当顾维钧作为一战的战胜国中国的全权代表出席巴黎和会的时候，他原本期待"即将召开的和会是一次非同寻常的机会"，中国可以借此谋求某种程度的公平待遇，并对过去半个世纪以来所遭到的惨痛后果加以改正，这其中主要是要收回战败国德国在山东占有的权益。意想不到的是，日本竟然提出由它继承德国在山东的权益，并公布了一战期间日本与英、法、意等国签订的关于山东问题的秘密协定。

1919年1月28日，顾维钧第一次站上国际讲坛发表演说。他故意巧取了日本全权代表牧野的一块金怀表，激怒牧野，牧野斥之为盗贼。顾维钧反问："日本掠夺了中国的山东省，是不是世界的盗贼呢？一块怀表引起牧野如此愤怒，那么山东三千六百万百姓丢失山东该不该愤怒，四万万中国人民该不该愤怒呢？"①接着，顾维钧从历史、文化、经济、战略等方面

---

① 金光耀：《顾维钧与中国外交》，上海古籍出版社2001年版，第407页。

阐明中国必须收回山东的严正立场——"中国的孔子有如西方的耶稣，中国不能失去山东正如西方不能失去耶路撒冷"。[①]

顾维钧的慷慨陈词，赢得中外舆论一致的赞扬。但是，美、法、英等国依然还是为了平衡列强之间的利益，决定将德国在山东的权益让与日本。时任美国总统的威尔逊解释说，不是不主持公道，而是时势使然。顾维钧断然拒签合约，这是近代史上中国第一次对列强说"不"。随即中国就爆发了五四运动。

巴黎和会事件，将西方文明这位"老师"的强权本质表现得淋漓尽致，也彻底激怒了中国民众，特别是知识分子。在这样的情形下，中国面临着尖锐的冲突：如何既实现现代化，拥抱西方文明改造自身的传统，同时又抵御西方的霸权，实现民族的复兴？

著名学者唐君毅曾经把马克思主义称为"西方的反西方主义"，可谓一语中的，非常鲜明地表达了马克思主义的文化特点。它是源于西方的现代思想，但同时又是对西方现代社会的矛盾、危机和罪恶的深刻揭露和批判。这样一种思想，正好吻合了中国既要学习西方文明，又要抵御西方文明的双重历史要求。

1919 年 7 月 25 日，巴黎和会结束不到一个月，苏俄政府

---

① 余世存：《大民小国》，江苏文艺出版社 2012 年版，第 246 页。

就发表宣言，宣布放弃帝俄时代在中国的一切特权。次年，苏俄政府代表来华，受到中国各界热烈欢迎。列宁领导的新兴苏维埃共和国，成为20世纪新文明的象征。于是，走俄国人的路，接受马克思主义，成为一大批中国知识分子的选择。

从马克思主义的接受过程可以看到，中华文明从一开始接纳马克思主义，内在地就包含着维护自身文明的立场，包含着对抗西方列强、维护民族独立的强烈诉求。也因此在此后的发展中，马克思主义与中华传统文明持久保持着磨合、融合、整合、发展的关系，而不是移植替代的关系。

（二）马克思主义的中国化，注定是中国"化"的马克思主义

马克思主义与中华文明的相遇，开启了中国从传统社会向现代社会的改造。这一改造是如此深刻和巨大，以至于我们以新、旧中国的分割来代表这一转折，而文明史上曾经的朝代更迭，无不强调天命的延续。

1949年10月1日，新中国举行开国大典。一个月后，诗人胡风提笔写下发表在《人民日报》上的抒情组诗的名字：《时间开始了》。他在日记中这样写道："两个月来，心里面

的一股音乐，发出了最强音，达到了甜美的高峰。"他的朋友诗人绿原称赞他以这样的简洁有力的话语抒发当时广大知识分子所体会到的那种"宏大的幸福感"——一是对反动而又腐败的国民党政权的彻底失望；二是百年来累累国耻所酝酿的爱国主义情怀；三是人民解放军的辉煌胜利之不可否认的魅力。

《时间开始了》，显现出敏锐的诗人所感受到的那种摆脱传统、迈向现代，重新开启中华文明历史的激情澎湃。

从中国步入现代史以来，一直存在着延续和断裂中华传统的持久张力。如果我们回顾马克思主义中国化的过程，就会发现，中国革命和此后社会主义建设的成功经验和失败教训，证明了马克思主义与中国实际的结合，与中华固有文明的结合，一直以来都是中国共产党取得成功的关键，也是自毛泽东以来各代中国领导人的思想精髓。

毛泽东曾说自己的书是"血的著作"。所谓"血的著作"，是指《毛泽东选集》是实践的产物，是由问题"倒逼"出来，是付出了流血牺牲的代价换来的。因为是血的著作，他对于自己的观点就格外自信和珍惜。有些观点，为了避免不必要的现实困扰，还有些"秘不示人"的味道。

1941 年至 1943 年间，毛泽东陆续写下的针对"左"倾路线的九篇批判性文章，就属于这一类。

文化自信铸就大国复兴之魂

经权威发布的节选部分，以《驳第三次"左"倾路线》为题，见之于1993年出版的《毛泽东文集》第二卷。

众所周知，确立毛泽东在中国共产党的领导地位的会议是1935年的遵义会议。不过这个领导地位的确立，起初并不完整，也不稳固。名义上，遵义会议时选举的中共中央总负责人是张闻天，而毛泽东的实际领导地位至少受到过两次冲击：一次是长征途中，张国焘企图夺取领导权；另一次是1937年至1938年间，王明企图取代毛泽东。

1943年3月，张闻天、毛泽东完成党内最高职务的交替过程，毛泽东正式成为全党最高领袖。

或许由于在这个时间点上，毛泽东所思考的中国革命的正确道路，终于不再受到干扰，为全党所衷心折服的时候，他所表达的观点就尤显真切而尖锐。

文章指出："我常常觉得，马克思主义这种东西，是少了不行，多了也不行的。中国自从有那么一批专门贩卖马克思的先生们出现以来，把整个共产党闹得乌烟瘴气，白区的共产党为之闹光，苏区与红军为之闹掉百分之九十以上……全都是吃了马克思主义太多的亏。"①

---

① 高新民、张树军：《延安整风实录》，浙江人民出版社2000年版，第101页。

104

少了不行，似乎容易理解，那么为什么毛泽东要强调说多了也不行呢？这就是要求马克思主义必须和中国的实践相结合。可以说，这一理念与中国后来所强调的实践是检验真理的标准，有中国特色的社会主义等极为关键的理念，是一脉相承的。违背这一理念，就会在指导思想上埋下隐患，并且在实践中带来血的教训。

这就是为什么马克思主义在中国的发展过程中，毛泽东以来的中国领导人，特别注重，也特别擅于将马克思主义和中华文化相结合。比如实事求是这一毛泽东的根本思想，正是取借自中国的传统。东汉班固的《汉书·河间献王传》中谈到汉景帝刘启的儿子刘德治学非常严谨认真，就说他"修学好古，实事求是"。毛泽东在《改造我们的学习》一文中对此给出了新解，指出"'实事'就是客观存在着的一切事物，'是'就是客观事物的内部联系，即规律性，'求'就是我们去研究"①。

"马克思主义中国化"这个提议，是毛泽东在 1938 年党的六届六中全会报告中提出的。从中华文明与马克思主义的关系来说，马克思主义的中国化，意味着注定是中国"化"马克思主义，而不是马克思主义"化"中国。

---

① 《毛泽东选集》第 3 卷，人民出版社 1991 年版，第 801 页。

习近平总书记提出中华 5000 多年文明历史孕育出了中华优秀传统文化、革命文化和社会主义先进文化，并将这三种文化并列构成文化自信的内涵，表明了从传统向现代化转折后的当代中国依然保持并不断推进着中华文明的文化延续性。

五、中国的经济起飞

1978 年 12 月，中国共产党召开了现代史上具有划时代意义的十一届三中全会，把党和国家的工作重心转移到经济建设上来，推动改革开放，中国经济开始起飞。

改革开放 40 多年，中国取得了史无前例的成就。也许我们很难去细数这场深刻变革的方方面面，但我们知道，中国的每一个家庭、每一条街道、每一座城市都有了全新的面貌。

世界银行原首席经济学家、2001 年诺贝尔经济学奖获得者约瑟夫·斯蒂格利茨在中国发展高层论坛 2018 年会上分享了自己对中国改革开放的观察。37 年前，他第一次到访中国。相比于彼时，他说，中国发生的变化是"难以用语言形容的"。他认为这不仅体现在中国人民收入水平的大幅提高上，而且社会方方面面都发生了巨大变化。中国帮助了8亿人口摆脱贫困，教育总体发展水平进入世界前列，国民幸福指数和健康水平都在持续提高。而且中国正在经历从高速发展到高质量发展的转变，从传统的劳动力生产大国逐渐转变为创新与人才型强国。改革开放40多年间，中国不断追赶发达国家，而如今，中国已经在诸多科技领域领先世界，比如互联网与人工智能等。

如果我们让数据来说话，中国伴随改革开放走向富强这一具有重大历史意义的事件，可以由几个最核心的经济数字来简洁地呈现。

改革开放以来，中国GDP在世界排名从1978年的第15位（3679亿元）提升到2017年的世界第2位（744127亿元）。这意味着，近40年的时间里，中国的GDP增长了216倍，实现了平均每年9.6%的高速增长，对外贸易的增长速度更是高达平均每年14.8%，在如此大的国家，以这么高的速度持续这么长时间的增长，人类历史上不曾有过。GDP增长的背后，是人均收入的大幅提高。1978年中国还是凭粮票油票肉票供给的年代。当年的城镇居民人均所得折合成以人民币计价的人均可支配收入不过是343元。2017年中国人均可支配收入是25974元。

目前，中国已经拥有39个工业大类，191个工业种类，

525个工业小类，是全世界唯一拥有联合国产业分类中全部工业门类的国家，形成了一个举世无双、行业齐全的工业体系。这意味着中国经济上所具备的自主能力，不可能被任何国家通过经济手段所击垮。而且中国还是到现在为止，唯一没有出现过系统性经济危机的新兴经济体国家。

正是由于改革开放的巨大成就，习近平总书记才会在2012年参观《复兴之路》展览时提出："经过鸦片战争以来170多年的持续奋斗，中华民族伟大复兴展现出光明的前景。现在，我们比历史上任何时期都更接近中华民族伟大复兴的目标，比历史上任何时期都更有信心、有能力实现这个目标。"[①]

（一）"华盛顿共识"与"中国之谜"的对峙

然而对于中国的经济起飞，最意味深长的一点或许是，这一说法恰恰是西方最先提出的。在身处"庐山"的我们或许还没有特别感觉的时候，西方就已经敏锐地意识到中国经济的腾飞。1992年9月，美国《纽约时报》根据世界银行的报告发表文章，第一次提出中国经济起飞的说法。

---

① 《承前启后 继往开来 继续朝着中华民族伟大复兴目标奋勇前进》，新华网，http://www.xinhuanet.com/politics/2012-11/29/c_113852724.htm.

《纽约时报》的报道在当时可以说与主流印象截然相反，因为在此之前，西方媒体在谈到中国时，几乎全都是在谈论中国在哪一天垮台。似乎一夜之间，一切都不一样了。

1993 年，美国经济学家罗纳德·麦金农最先提出"中国之谜"的说法。他注意到中国在财政收入下降的同时，快速的货币供给增长并没有带来严重的通货膨胀，而这与经济学规律是背道而驰的，对此他大惑不解，把中国这种现象称为"中国之谜"。

西方之所以惊讶于中国经济改革的成功，背后的事实恰恰是：从 20 世纪 80 年代一直到 90 年代初，整个西方学术界根本没有人看好中国的经济改革。原因很简单，如果苏联东欧的经济改革都不成功，中国又怎么可能成功呢？特别是苏联，那一时期它在工业化、现代化、城市化、生活水准以及教育普及的程度方面远远领先于中国。例如，1978 年前后，中国所有的厂长和经理的平均受教育年限是 9—11 年，9 年就是初中毕业，11 年就是高中还没有毕业，而苏联当时的经理、厂长清一色都是至少大学毕业的教育水平。如果苏联的改革造成了经济的崩溃和社会的瓦解，那么中国的改革怎么可能成功？

不仅如此，改革开放用邓小平的话讲，是摸着石头过河，以走一步看一步的渐进试错的方式来推动，并不是在任何现成的理论的指导下进行。1990 年，由美国国际经济研究所在华盛顿召开了一个讨论 20 世纪 80 年代中后期以来拉美国家经济改革的研讨会。会议提出了指导拉美经济改革的 10 条政策主张，被称为"华盛顿共识"。在中国以及苏联东欧国家从计划经济向市场经济转型的问题上，当时学术界普遍的看法是：计划经济向市场经济转型必须采用"休克疗法"，也就是把"华盛顿共识"所主张的私有化、市场化、自由化，一次落实到位。而像中国那样摸着石头过河，用渐进的、双轨的方式进行转型则是最糟糕的方式，造成的结果会比原来的计划经济还差。

历史的出人意料之处在于，苏联东欧国家的确将休克疗法作为经济改革的指导方针，造成经济的混乱和崩溃。而在 21 世纪初，国际上又产生了关于"北京共识""中国模式"的讨论。不同的是，"华盛顿共识"是学者有意识地提出的，而"北京共识"则是在中国改革开放以来经济快速发展、人民生活得到很大提高的条件下，由国际舆论自发形成的观点。

（二）中华传统文明与改革开放的成功

我们可以从经济、社会、政治的各种角度去破解"中国之谜"，但应该特别强调的是，中国长久的独特的文明传统，对于中国的改革开放和现代转型发展的成功具有根本的重要性。

现代社会的普遍特点是强调个体性和特殊性，形成很强的社会离心力。如果一个现代社会缺乏传统文明的凝聚力，社会走向分崩离析的可能性就会相当大。从历史中我们可以看到，几乎所有传统的大帝国在现代转型中都发生了解体而分裂成为许多民族国家。

冷战结束后，苏联解体，南斯拉夫、捷克斯洛伐克分裂，即使在西方发达国家阵营也有英国的苏格兰问题、加拿大的魁北克问题等。这些问题恰恰突显出中国文明的独特性，即它不可思议的历史连续性和高度的文明凝聚力。中国历史上的很多时期，如三国时代、南北朝时期等，如果换成任何其他文明，都足以分成多个国家而很难再恢复统一，但中国却总是一次又一次地成为世界历史的例外。

实际上，中国传统文明本身就是中国经济改革成功的一个重要因素。

我们都知道改革开放以来，存在海外华人大量回国投资的现象。中国大陆有很多海外华人的资本，或许我们对此习以为常，不觉得有任何特别之处，但世界上很多国家对这种现象却会有非常奇怪和羡慕的感觉，其中最突出的就是印度人。

印度同样有很多海外印度人，但却并没有在印度经济改革中成为重要因素。2005年印度公布有海外印度人2500万，其中在美国的就有150万，而且这150万印度人在美国都是属于中上阶层。尤其是20世纪90年代IT产业崛起，美国的硅谷最好的工程人员有40%都是印度人。但海外印度人并没有成为印度经济发展的一个很重要的力量。从1999年以来，如何吸引海外印度人回国投资的问题就被印度政府提到了国家发展战略的高度。印度政府首先在1999年设立了海外印度人身份证，在全世界所有地方的四代以内的印度人，包括配偶不是印度人的，都可以申请海外印度人卡，有了这个卡可以不需签证，随意往返，20年内有效，包括可以在印度投资、购房等。2000年，印度政府又成立海外印度人委员会，专门研究如何吸引海外印度人回国投资。海外印度人委员会提出而印度政府立即立法批准的一个措施，是建立海外印度人日，定在每年1月9日，就是甘地从南非回印度发起反殖民运动的日子。确定这个日期，也就是希望所有的海外印度人都像甘地一样，为印度的发展效力。印度把推动海外印度人回国投资的问题置于国家战略，都是因为看到中国的经济改革中海外华人的投资这一重要因素。

我们必须强调，海外华人资本对于中国经济改革的成功是起了极大作用的。如果没有海外华人资本，至少最早的"经济特区"可能就不会那么成功。邓小平在党的十一届三中全会后宣布，中国将首先建立四个经济特区，就是深圳、珠海、汕头和厦门。这四个特区的地域选择，都是着眼于海外华人的。深圳当时是不毛之地，但和香港陆地上相连；珠海与澳门相连；汕头是潮州人的老家，而海外很多华人都是潮州人；厦门则是闽南人的中心，利于建立与台商的关系。中国从 20 世纪 80 年代到 1992 年，外商直接投资的 70% 都是华资。1992 年中国修改外商投资法后，美国和其他国家投资才渐渐开始多起来，但从 1992 年到 1995 年，华人资本仍然占外商直接投资的 50%。[①]

（三）中国经济崛起具有重大的世界文明史意义

改革开放所造就的中国经济崛起，与"亚洲四小龙"的经济崛起完全不同，后者只有区域经济的意义，而中国的经济崛起是对世界文明历史具有重大意义的事件，其原因就在于中国的经济崛起对世界政治格局产生了重大的改变。

尤其对西方来讲，几百年来西方统治整个世界的格局，有

---

① 甘阳：《新时代的"通三统"：中国三种传统的融会》，《书城》2005年第 6 期。

可能由于中国的发展而被决定性地影响和改变，这将是对西方文明的巨大冲击。对于中国在当今世界上的这种地位，西方远比中国感触更深，中国已经成为西方21世纪的重大主题。正如英国前副首相赫赛尔廷曾经在演讲中指出的：中国变化具有三大特征，即变化范围大、变化速度快和观念变化深，中国对西方世界正产生着不可磨灭的影响。

如果我们对于中国崛起过程中所遭遇的西方舆论进行观察和分析，就会发现中国崛起已经引起西方文明的极大不安。随着中国国力的提升和国际影响力的提升，对于中国的议题主要存在"中国威胁论""中国责任论"和"中国崩溃论"三种论调。

唱衰中国的崩溃论由于屡屡失准，基本处于国际舆论的边缘地位，而"中国威胁论"却始终一波未平一波又起，版本和形式不断翻新，占据国际舆论的主导地位。"中国责任论"的实质是威胁论的变种，但却更为隐蔽和温和。

从改革开放至今，出现过四轮"中国崩溃论"的广泛传播。第一轮"中国崩溃论"出现在20世纪80年代末期，可以称为"中国政治崩溃论"。当时由于价格双轨制、"倒爷"盛行、物价改革等因素，使得中国各地出现严重的通货膨胀。特别是当时东欧动荡、苏联解体，关于"中国即将崩溃"的言论甚嚣尘上。第二轮唱衰在1997年后，可以称为"中国经济崩溃论"。当时出现亚洲金融危机，而中国则出现了百年一遇的长江流域洪涝灾害，国民经济遭遇重创。美国华裔律师章家敦所著《中国即将崩溃》在欧美流行一时，书中断言"中国现行的经济制度，最多只能维持 5 年"，"中国的经济正在衰退，并开始崩溃，时间会在 2008 年北京奥运会之前"。第三轮"中国崩溃论"出现在 2008 年国际金融危机后，可以称为"中国社会崩溃论"。"三轮崩溃论都刚好与中国经济的三次下行周期相重合，特别是在中国经济最为困难、改革最为艰巨的时候，唱衰中国的论调也抬得越高。"① 最近的一次"中国崩溃论"可以称为"中国金融崩溃论"，在经济增长速度的换挡期、经济结构的调整期、宏观经济政策的消化期同时叠加的情况下，加剧了中国经济形势的下行压力。

"中国威胁论"其实在西方由来已久，随着中国改革开放后出现的新一轮"中国威胁论"，始作俑者是日本防卫大学教授村井友秀。1990 年 8 月，他发表了《论中国这个潜在的威胁》一文，首次提出"中国威胁"的说法，至今已经引起四次大范围的波澜。

第一次发生在 1992 年至 1993 年间，由于苏联解体，中国成为受西方发达国家关注的头号社会主义大国。美国费城外交政策研

---

① 王文：《"中国崩溃论"的崩溃》，《红旗文稿》2014 年第 16 期。

究所亚洲项目主任罗斯·芒罗发表了题为《正在觉醒的巨龙：亚洲真正的威胁来自中国》的文章，提出"崛起的中国是美国在亚洲的安全挑战"的论点，渲染中美军事冲突不可避免。美国哈佛大学教授塞缪尔·亨廷顿 1993 年在《外交》杂志上发表了极具意识形态色彩的《文明的冲突》一文，断言儒教文明与伊斯兰教文明是西方文明的天敌。美国学者哈克特甚至将中国描述为"苏联之后的一个新的邪恶帝国"。

第二次发端于 1995 年至 1996 年间，台海危机之后，美国掀起对华政策大辩论。芒罗在这次辩论中依然发挥了主力作用。1997 年，他和美国《时代周刊》记者理查德·伯恩斯坦合写了《即将到来的美中冲突》一书，声称："中国，一个幅员辽阔、终将变得十分强大的国家，而且是这个星球上尚存的最后一个共产党大国，正在以有违于美国利益、有悖于美国价值的方式行事"，21 世纪"中美对抗将是世界最主要的两大势力的对垒"，"在可以预见的将来，冲突将是中美关系最有可能呈现的状况"。①

第三次是 1998 年至 1999 年间"李文和案件"爆发后，污蔑中国"窃取"美国核技术的《考克斯报告》出笼，由此引

---

① 〔美〕伯恩斯坦、芒罗著，隋丽君译：《即将到来的美中冲突》，新华出版社 1997 年版，第 6、17 页。

发了美国国内的反华声浪。

第四次出现在 2000 年之后并延续至今，涉及的领域和议题日益广泛，包括政治、经济、文化、军事等各个领域。认定"后起的大国必挑战现有的霸权"，美国等发达国家正是在这种理论思维的支配下，形成了种种关于"中国威胁论"的版本和议题。其中，"中国军事威胁论"一直是"中国威胁论"的主要议题之一。自 2000 年起，美国仿照冷战时期发布的苏联军力年度报告，每年都撰写和发布中国军力年度报告，散布中国军事威胁论，攻击中国军力的透明度。显而易见，苏联解体后，中国成为美国最大的假想敌。此外，科技威胁、经济威胁、能源威胁等各种论调，共同为中国的舆论环境制造压力。甚至还有网络威胁、环境威胁、食品安全威胁、人口威胁等议题，它们往往与人们的日常生活相联系，影响更为广泛。

2010 年 2 月初，美国两大新闻媒体《华盛顿邮报》和美国广播公司（ABC）共同进行了一项题为"21 世纪是中国人的世纪，还是美国人的世纪"的民意调查。结果显示，41%的美国人认为 21 世纪左右世界经济的是中国人，43%的美国人表示 21 世纪的国际事务将由中国人主导，比认为这两个领域仍由美国人支配的比例分别高出 1 个和 5 个百分点。根据这一调查结果，有学者认为，这实际反映了美国人近年来在面对中国崛起和美国衰落的过程日趋明显时的焦躁心理。

应该说，美国自建国以来一直都是充满自信的国家，这种自信包含了对本国发展模式的自信。自建国起，美国只把纳粹德国和苏联这样所谓的"极权"国家视为真正挑战，除此之外并未觉得有其他发展模式能够真正对美国的发展和霸权构成强大的外在威胁。但是"中国模式"却让美国有了危机感。尤其是中国在2008年世界金融和经济危机中扮演了"救星"角色，以大量购买美国债券的形式支持美国经济，反而加重了美国对中国发展强大的担忧。在美国看来，中国经济在世界经济危机中的一枝独秀，意味着中国模式的成功和美国模式的衰落，连带的效应便是美国模式对发展中国家的吸引力和影响力减弱，以及美国掌控世界经济和国际事务能力的降低。

"中国责任论"的出现要晚于"中国威胁论"。确切地说，它是"中国威胁论"的"变种"。通过考察"中国责任论"是如何出场和流行的，就可以清楚地看到"中国责任论"背后到底隐藏着何种潜台词。

早在1994年10月，时任克林顿政府国防部部长的佩里，在中国人民解放军国防大学发表演讲时就提出，冷战结束后，美中两国面临的挑战是确保亚太地区未来几代人享有充分的稳定与繁荣，在这一方面，美中两国负有共同的特殊的责任。

1995 年 10 月，佩里又在华盛顿州的西雅图发表演讲时说："不得不承认，中国正在成为世界上一个主要大国。我们确信接触是最佳战略，可确保在中国实力增强之时，它是作为国际社会一个负责任的成员这样做的。"2001 年 5 月，时任美国国务卿的凯利，向国会对外关系委员会提交证词时说："我们要看中国怎样对我们做出回应，我们鼓励中国做出能够反映其社会地位和国际社会责任的选择。"可见，国际社会，尤其是美国，对中国的责任期待由来已久，只是由于当时的美国克林顿政府对华战略的方向不明确，以及之后的小布什政府对华采取的遏制性预防战略，所以"中国责任论"常被"中国威胁论"压倒，从而并未引起国际社会的足够重视。①

（四）国家硬实力的提升，源于国家软实力的发展

经济与文化是一个相辅相成的矛盾统一体。文化的发展源于经济的繁荣，文化软实力的增长反过来又进一步促进经济、政治与社会和谐的同步发展。改革开放以来，以邓小平同志为核心的党的第二代中央领导集体一直强调经济发展、改革开放

---

① 金灿荣：《从"中国威胁论"到"中国责任论"——中国国际舆论环境的变化与应对》，《绿叶》2009 年第 5 期。

与精神文明、文化建设"两手抓","两手"都要硬。所以,国家的硬实力突飞猛进,不仅"神九""神十"升空,"蛟龙"深潜,辽宁舰远航,而且我国GDP排名连续提升到世界第二位,成为引人瞩目的社会主义强国。

2005 年,时任美国副国务卿的罗伯特·佐利克在纽约的美中关系全国委员会发表了著名的《中国向何处去》的演讲,他在演讲中提出中国应成为国际社会"负责任的利益相关者"。随后,"负责任的利益相关者"被明确写入美国 2006 年《国家安全战略报告》,标志着美国对华政策的重大变化,表明美国已经能够务实面对并接纳中国崛起的现实,愿意同中国共同经营双方都能从中获益的国际体系。用佐利克的话说,"利益相关者"这一概念的提出,实质是对中国发展成就的一种承认。但是,这种接纳和承认是有条件的,条件就是中国要"负责任"。①

以佐利克提出中国应成为国际社会"负责任的利益相关者"为标志,相对温和、理性、务实的"中国责任论"开始取代激进、非理性、情绪化的"中国威胁论",成为美国对华的主流态度。在美国的影响下,国际社会也开始使用"中国责任论"的提法,这逐渐代替"中国威胁论"成为中国所面临的主要舆论环境。

① 袁鹏:《美国对华态度分析:从"中国威胁论"到"中国责任论"》,《东方早报》2005 年 12 月 22 日。

2008 年，始于美国、波及全球的金融经济危机，使"中国责任论"再度升温。危机爆发后，世界经济发展深受影响，发达经济体增长乏力，欧洲主权债务危机蔓延，新兴经济体难以独善其身，而中国经济却能一枝独秀。在这场危机中，中国积极为缓解危机、稳定全球经济、恢复世界经济秩序贡献了本国力量。正是在这种背景下，"中国责任论"成为国际社会广为流行的主导舆论。在伦敦金融峰会上，中国甚至被西方媒体描述为"拯救世界的骑士"。美国智库提出"世界经济问题的解决基本上取决于中美两个大国——两国集团（G2）"。美国哈佛大学经济史学教授尼尔·弗格森甚至在 2007 年创造出"中美国"（Chimerica）一词，以此表明中美两国战略地位的趋近和伙伴关系的重要性。不管是西方国家吹捧的"拯救世界的骑士"，G2，还是所谓的"中美国"，其实都是想通过强调中国的重要性来让中国为金融危机承担责任。

"中国责任论"的流行，当然不仅仅局限在金融经济领域，西方国家对中国的责任期待也不仅仅局限在这一领域。我们不难发现"中国责任论"具有多种形式，不仅涉及经济金融领域的贸易顺差问题、人民币汇率问题，还涉及军事领域的军费开支问题、气候环境领域的温室气体排放问题、资源能源领域的消费量问题等。具体到美国对中国的责任期待，包括希望中国在经济上更大程度地开放金融市场，最好能够放弃对金融市场的控制以改变中美贸易逆差关系；希望中国更多地购买美国国债，为美国经济危机分担责任；军事上增加透明度，控制军费开支的增长；外交上帮助解决朝鲜、伊朗、苏丹达尔富尔等地区的安全问题和热点问题；气候环境问题上，与发达国家同等承担减少温室气体的排放量；等等。

从积极意义上看，相比较于激进的、情绪化的"中国威胁论"而言，"中国责任论"要温和理性得多，而且国际社会对中国的责任期待和要求，首先意味着承认中国的发展崛起。但是"中国责任论"与"中国威胁论"的实质并无二致，遏制中国发展的目的并没有改变，只不过"中国责任论"采取合作的姿态，要求中国为维护现有的国际体系承担更多的责任，发挥更大的作用。其中，有些责任和作用已经超越了中国的能力和责任范围。如果我们把敌意昭然的"中国威胁论"看作西方社会对中国的"棒杀"，那么，温和隐蔽的"中国责任论"则可以看作西方社会对中国的"捧杀"。

从西方对于中国经济崛起的反应可以看到，中国崛起是当今世界具有划时代意义的经济和地缘政治的重大变化。

一个特别值得注意的现象是，中国人反而常常对于中国当前的地位缺乏自觉的意识。正如新加坡总理李显龙在访问中国接受媒体专访时称，中国要看到别人眼中的自己并不容易。中国有时可能意识不到"自己在别国眼中有多强大"。

国人缺乏这种自觉的意识，不是没有原因的。最重要的就是，改革开放以来，虽然国家地位在飞速上升，人民的物质生活水平也有了很大提高，但国家的精神文明状态和文化发展都没有达到人民的预期，有的人甚至牢骚多多，这与国家发展的不平衡和人们的自信心不足有关。

那么，什么是中国的软实力呢？只能是中国人自家的东西，自家的优良文化传统。它包括了以儒家为主的儒释道互补的古典文明传统以及在现代转型中发展出的社会主义先进文化。

但是近百年来中国一直有着否定和贬低中国古典文明传统的倾向，改革开放以来，又出现了相当强烈的否定中国社会主义传统的倾向。如果否定了中国的古典文明传统，又否定了中国的社会主义的核心价值观，那么中国还有什么东西可自豪？还有什么中国的软实力发展可言呢？

习近平总书记在党的十九大报告中提出："文化是一个国家、一个民族的灵魂。文化兴国运兴，文化强民族强。"[①]重视文化传承和建设，正是经济崛起之后的中国需要面对的关键性问题。

---

① 《中国共产党第十九次全国代表大会文件汇编》，人民出版社2017年版，第33页。

第三章

中国梦，其梦有根

改革开放以来，中国打开国门，随着经济发展，各种西方思潮与生活方式也蜂拥而来，极大地影响着中国人的思维与生活，其中最为风行的是赶时髦过洋节了：情人节、感恩节、圣诞节……随着现代社会的发展，中西文化交流势不可当，形形色色的观念汇入"中华熔炉"，中国5000多年的文化传统使中华民族具有巨大的包容性，最后总能取其精华，弃其糟粕，将其融合到东方传统文化道德之中。尽管人们过着各式洋节，但中华民族的传统节日如春节、端午节、中秋节，人们照样过得热闹非凡、有滋有味。在传统节日清明节缅怀先烈和祖先的同时，国人还学会了在母亲节、父亲节为父母送上一份祝福。这或许正是中国传统文化创造性转化、创新性发展的一个侧影。

诚然，当中国经济腾飞之后，文化的繁荣发展必然提上议事日程，并成为焦点。这既是因为改革开放以来中国社会的巨变严重冲击既有的社会伦理和文化，又因为富裕后的中国更加有条件和动机推进文化软实力的建设，更是因为中华文化的生机活力才是中华民族伟大复兴的持久根基，而中华民族的伟大复兴必须同时也是中华文化的伟大复兴。

一脉相承的中华文化，"在5000多年文明发展中孕育的中华优秀传统文化，在党和人民伟大斗争中孕育的革命文化和社会主义先进文化"，是中国梦真正的"孕育者"和"守望人"。

一、从延续民族文化血脉中开拓前进

2012 年 12 月，习近平总书记赴广东考察途中讲道，我们决不可抛弃中华民族的优秀文化传统，恰恰相反，我们要很好传承和弘扬，因为这是我们民族的"根"和"魂"，丢了这个"根"和"魂"，就没有根基了。

在定位中华文化的根底和重心上，习近平总书记早已成竹在胸。如果说邓小平提出的中国特色社会主义主要是在制度和道路层面为中国找到适应国情的方向，那么习近平总书记对中华优秀传统文化的重视，正是在文化思想层面为民族伟大复兴培育中华之根，召唤中华之魂。

（一）"去中国化"的悲哀

2014 年教师节前，习近平总书记到北京师范大学看望一线教师。在北京师范大学参观"尊师重教、筑梦未来——庆祝第三十个教师节主题展"时，他从展台上拿起一本课标书翻看。听说语文、历史、思想政治三门课标是全国统一的，他说："我很不赞成把古代经典诗词和散文从课本中去掉。我觉得去中国化是很悲哀的。这些诗词从小就嵌在学生们的脑子里，会成为终生的民族文化基因。"[①]

习近平总书记的感慨，源自之前《新闻晨报》的一篇报道，上海市小学一年级第一学期新版语文课本中删去八首古诗，在社会上引起巨大反响，不少人在为这项减负举措叫好的同时，也质疑"为何不让小学生学古诗"。

这其中有一定的误会存在，上海市教育委员会后来回应称，八首古诗退出一年级语文课本，目的是减轻小学生识字和背诵的压力，但在小学一年级的听力磁带中仍保留了这八首古诗，老师会通过多种形式让学生充分体验古诗的音韵美。

事后，有记者采访 90 多岁高龄的中国古典诗词大家叶嘉莹先生，她觉得"诗词从小就嵌在学生们的脑子里，会成为终生的民族文化基因"这句话，很像她自己的成长经历。叶嘉莹先生感叹说："本来中国是个诗歌民族，我们作诗的历史从上古、汉魏，再到唐宋元明，一直到清朝，大家的旧诗写得都很好啊。但是从文学革命以后，大家不要读旧书，也不要作旧诗，

---

① 《习近平：很不赞成从课本中去掉古代经典诗词》，人民网，http://politics.people.com.cn/n/2014/0910/c1001-25630716.htm.

现在都不太会写了，也不懂了，就把这个传统给断绝了。其实，我们中国古典诗词蕴藏着非常丰富的宝藏。好比生在一个很富有的家庭，留下了大批遗产，但是却找不到开启它的密码，白白的有这么多遗产，很可惜的一件事。"①

不仅是古典诗词，很多中国传统文化遗产都面临着同样伤感的局面：空守宝山，只能唯西方文明的思维方式、价值原则和审美意识的马首是瞻。虽然实现了现代化，却丧失了自己的民族精神，缺乏自己的民族特色，其结果就是失去对自己文明的认同和信心，成为文化的难民。

2015 年习近平主席访美时，曾参加第八届中美互联网论坛并发表讲话。当日，习近平主席会见了包括微软、苹果、Facebook（脸书）、亚马逊等高科技公司的 CEO 或创始人。其中，Facebook 创始人马克·扎克伯格用中文向习近平主席问好。

扎克伯格在会见心得中表示，"今天我在第八届中美互联网论坛上见到了中国国家主席习近平。该论坛为科技公司的 CEO 们提供了一个和中美政府官员交流的机会，共商关乎我们行业未来的共同话题。此次论坛也是中国国家主席习近平访

---

① 田超：《叶嘉莹忆往事》，《京华时报》2014 年 11 月 5 日。

美的环节之一，你可以从 Facebook 页面 '习近平的美国行'
上跟踪进一步的消息。从个人的角度出发，这也是我第一次用
非母语和一个全球领袖交流，我将其视为个人人生的重要里程
碑。很荣幸见到中国国家主席习近平和其他领导人。"

在 2014 年，扎克伯格就在自己的办公桌上摆了一本英文
版的《习近平谈治国理政》，他不仅自己学习，甚至还给同事
买了这本书，让大家了解中国特色社会主义。

其实不仅扎克伯格在学中文，Facebook 所有高管都在学
中文。目前 Facebook 大约有 7000 名员工，而中国籍和华裔
大约有 1000 人之多。中国对于 Facebook 的重要性已经深入
整个公司的基因。可以说，《习近平谈治国理政》出现在扎克
伯格的案头实在是再正常不过。因为这些著作都是了解中国文
化和发展走向的重要资料，是对制定 Facebook 未来战略很
有必要的书籍。

改革开放之际，时任英国首相的撒切尔夫人曾经预言中国
不会成为世界超级大国："因为中国没有那种可以用来推进自
己的权力，从而削弱我们西方国家的具有国际 '传染性' 的学
说。今天中国出口的是电视机而不是思想观念。""中国的知
识体系不能参与世界知识体系的建构，不能成为知识生产的大
国。即使中国在巨大的经济崛起中充其量也只能成为一个物质

生产大国，在精神文化生产和创新乃至输出上仍然是个无须重视的小国。"

撒切尔之所以这样预言，就是认定在文化层面，中国的现代化转型必定是与传统断裂而服膺西方的现代文明。当习近平总书记说要从传统文化中提取民族复兴的"精神之钙"时，既是一针见血地针砭时弊，更是直指中华民族伟大复兴的关键所在。

（二）习近平总书记为传统文化站台

2014 年 9 月 24 日，人民大会堂内，济济一堂的儒家研究学者赶来参加纪念孔子诞辰 2565 周年国际学术研讨会暨国际儒学联合会第五届会员大会。习近平总书记出席了会议。

国家最高领导人出席孔子诞辰国际学术研讨会并发表讲话，这尚属首次。

"有朋自远方来，不亦乐乎。"这是《论语》的开篇之语。习近平总书记引用这句话作为欢迎来自世界各国嘉宾及专家学者的开场白。"中国共产党人始终是中国优秀传统文化的忠实继承者和弘扬者。从孔夫子到孙中山，我们都注意汲取其中积极的养分。"他在讲话中强调："中国优秀传统文化的丰富哲学思想、人文精神、教化思想、道德理念等，可以为人们认识和改造世界提供有益启迪，可以为治国理政提供有益启示，也可以为道德建设提供有益启发。"[1]

中国香港《文汇报》的文章在评论中央高规格纪念孔子诞辰时称，国家最高领导人出席纪念活动，凸显了习近平总书记高度重视传统文化，并意图在新的时代条件下将中国优秀传统文化"创造性地转化"。对于弘扬传统文化的意义，《大公报》的文章分析道，如果说前些年在很大意义上还是在单纯把孔子作为"国际名片"或者与海外进行情感交流沟通的纽带的话，那么现在的中国领导人则已经在以很宽阔纵深的视野从儒家思想中汲取治国理念。

儒学等传统文化如何"古为今用"？习近平总书记指出，中国优秀传统文化中蕴藏着解决当代人类面临的难题的重要启示。随后，他列出了 15 种优秀古代思想：①道法自然，天人合一；②天下为公，大同世界；③自强不息，厚德载物；④以民为本，安民富民乐民；⑤为政以德，政者正也；⑥苟日新日日新又日新，革故鼎新，与时俱进；⑦脚踏实地，实事求是；⑧经世致用，知行合一，躬行实践；⑨集思广益，博施众利，

---

[1] 《在纪念孔子诞辰 2565 周年国际学术研讨会暨国际儒学联合会第五届会员大会开幕式上的讲话》，《人民日报》2014 年 9 月 25 日。

群策群力；⑩仁者爱人，以德立人；⑪以诚待人，讲信修睦；⑫清廉从政，勤勉奉公；⑬俭约自守，力戒奢华；⑭中和、泰和，求同存异，和而不同，和谐相处；⑮安不忘危，存不忘亡，治不忘乱，居安思危。①

然而这还并非是习近平总书记首次表现出对孔子的"爱好"。

2013年11月，习近平总书记来到曲阜孔府考察，并来到孔子研究院。桌子上摆放着100多本书籍和刊物，他一本本饶有兴趣地翻看。看到《孔子家语通解》《论语诠解》两本书，他拿起来翻阅后表示要仔细看看，习近平总书记的一席话让这两本书一夜间洛阳纸贵。

如果说这还只是流露出习近平总书记个人读书偏好的话，他对于《儒藏》的关注就更说明他对于儒家文化发展情况的了解和关切。

2014年五四青年节时，习近平总书记来到北京大学人文学院1号楼，同87岁的著名哲学家汤一介促膝交谈，了解《儒藏》的编纂情况，赞扬他为中华优秀传统文化继承、发展、创新作出了很大贡献。

《儒藏》是儒学文献的大型丛书，与道家的《道藏》和佛

---

① 《在纪念孔子诞辰2565周年国际学术研讨会暨国际儒学联合会第五届会员大会开幕式上的讲话》，《人民日报》2014年9月25日。

家的《佛藏》相对应，是儒学文化及其发展历史的文献总结。作为中国文化的主干，儒学在中国已经有 2500 余年的发展史，自汉武帝之后被历代统治者奉为"独尊"的国家学术思想，但是儒学却没有像佛、道那样拥有一部自己的大型丛书，这与其学术地位是极不相称的。明朝万历年间，孙羽侯、曹学佺曾先后提出《儒藏》的编纂设想，清代乾隆时周永年重新提倡，将《儒藏》的编纂推为"艺林中第一要事"，但是最后都因为工程过于浩大而放弃了。在整个中国古代社会，《儒藏》的编纂始终没有完成，成为史学界一大憾事。

《儒藏》编纂工程的雄心是把儒家经典及其各个时代的注疏和历代儒家学者的著述，以及体现儒家思想的各种文献，编纂成一部儒家思想文化的大文库。这是一项需要花费 10—15 年，甚至 20 年的巨大工程，大全本预计编 4000～5000 部，共 8 亿～10 亿字，编辑总量不少于著名的《四库全书》。编纂工程被分成两个阶段，首先由汤一介带领数百位中、日、韩学者编出《儒藏》精华，即把最主要的儒家经典汇集在一起，共 500 部。

汤一介把 21 世纪初叶看作中国文艺复兴的前夜，认为："文明的冲突正在世界剧烈演进，强权国家推行危险的单边主义，世界面临的危险加剧，恐怖主义猖獗，文化的欧风美雨也正在飘袭东方社会，消融和瓦解东方的传统文化。在这样一个时刻我们需要找回和坚固自己的根。独立的国家就要找到独立的身份，独立国家的独立身份就是传统文化中的精华部分。一个文明的新的飞跃常常要回到原点，然后燃起光辉的火焰。

德国哲学家雅斯贝尔斯曾经提出'轴心时代'的观念。他认为，在公元前500年前后，古希腊、以色列、印度和中国几乎同时出现了伟大的思想家，他们都对人类关切的问题提出了独到的看法。古希腊有苏格拉底、柏拉图，中国有老子、孔子，印度有释迦牟尼，以色列有犹太教的先知，形成了不同的文化传统。这些文化传统经过两三千年的发展已经成为人类文化的主要精神财富。中华文化是当今人类社会多元文化中的一元，在经济全球化的新的'轴心时代'，在21世纪文化多元并存的情况下，我们必须给中华文化一个恰当的定位。"[1]

在汤一介看来，《儒藏》的编撰绝非只是盛世修典，而是为中华传统文化迎接未来挑战所构建的一项重大工程。

在对传统文化的关注上，习近平总书记并不只局限于儒家文化。

2014年3月27日，习近平主席在访问联合国教科文组

---

① 夏榆：《哲学家汤一介：必须给中华文化一个恰当的定位》，《南方人物周刊》2005年8月4日。

织总部时发表演讲，首次向全世界系统完整地阐释了中国自己的文明观。

习近平主席在联合国教科文组织总部发表的演讲，是中国国家元首在世界舞台上第一次以文明发展为主题发表公开演讲。演讲中，习近平主席多次提到宗教文化，特别是对于世界宗教的多样性，以及三大世界性宗教与中国文化的互动，予以了高度肯定。这是中国国家领导人首次全面论述佛教中国化的历程与意义。习近平主席还特别专门讲述了自己对法门寺的价值与意义的思考："1987 年，在中国陕西的法门寺，地宫中出土了 20 件美轮美奂的琉璃器，这是唐代传入中国的东罗马和伊斯兰的琉璃器。我在欣赏这些域外文物时，一直在思考一个问题，就是对待不同文明，不能只满足于欣赏它们产生的精美物件，更应该去领略其中包含的人文精神；不能只满足于领略它们对以往人们生活的艺术表现，更应该让其中蕴藏的精神鲜活起来。"①

习近平总书记一再为传统文化站台，不仅是其个人喜好，更是在树立道路自信、理论自信、制度自信的历史文化基础，确立中华文化的主体意识。

---

① 《习近平在联合国教科文组织总部的演讲（全文）》，中国政府网，http://www.gov.cn/xinwen/2014-03/28/content_2648480.htm.

文化自信铸就大国复兴之魂

　　北京大学楼宇烈教授认为："当今世界，文化交流、交融、交锋之势前所未有，西方强势文化深刻影响甚至侵蚀着一些欠发达国家和民族的文化。如何保持和增强自身的文化主体性，成为这些国家和民族最关切的问题之一。对于中华文化来说也是如此：如果没有主体意识，就有可能被其他文化侵蚀甚至同化，沦为'文化殖民地'。这是一个非常严峻的问题。提倡增强中华文化主体意识，就是要做到既不妄自尊大，也不妄自菲薄。中华文化是中华民族对世界文明的重大贡献，是中国人赖以生存发展的精神家园，是我们最深厚的文化软实力。只有坚持并不断增强中华文化主体性，我们才能有针对性地吸收异质文化的有益养料，滋润、丰富和繁荣、发展中华文化。"[①]

　　20世纪90年代，约瑟夫·奈提出的"软实力"概念迅速风靡全球。2007年，"软实力"一词首次以 "提高国家文化软实力" 的形式写进党的十七大报告中。

　　中国有句古语，"得人心者得天下"。在美国学者约瑟夫·奈看来，这句话和"软实力"有异曲同工之妙。

　　约瑟夫·奈认为，综合国力既包括由经济、科技、军事等表现出来的"硬实力"，也包括由文化、教育、意识形态、价值观、

---

　　① 楼宇烈：《增强中华文化主体意识——从"仁者自爱"说开去》,《人民日报》2015年2月6日。

国民素养所体现出来的"软实力"。"软实力"是通过吸引和说服他人从而实现自己目标的能力。"硬实力"是运用经济和军事的"胡萝卜加大棒"去驱使他人追随自己意志的能力。前者的力量在于吸引，后者的力量在于强制。

习近平总书记不止一次强调，中华优秀传统文化是中华民族的突出优势，是中国最深厚的文化软实力。实际上，中国文化的"软实力"主要依赖于传统文化，已经成为包括约瑟夫·奈在内的国内外众多学者的共识。

（三）借鉴传统文化治国理政，绝非任意裁剪为我所用

2003年2月25日，《浙江日报》头版多了一个特色栏目——《之江新语》专栏。当期的专栏文章内容为《调研工作务求"深、实、细、准、效"》，全文不足300字，署名"哲欣"。"哲欣"是时任中共浙江省委书记的习近平所用的笔名，取"浙江创新"之意。《之江新语》专栏一直持续到2007年3月25日，累计232篇短评，后来汇集为《之江新语》出版。

在《之江新语》这本书中，每篇文章篇幅不长，但意味深长，习近平总书记先后引用过的经典不下数十种。

谈学习境界时，他引用王国维的治学三境界：一是"昨夜

西风凋碧树，独上高楼，望尽天涯路"，二是"衣带渐宽终不悔，为伊消得人憔悴"，三是"众里寻他千百度，蓦然回首，那人却在灯火阑珊处"；谈打造信用浙江时，引用《论语》的"人而无信，不知其可"；谈领导人应有战略思维时，引用《孟子》的"登东山而小鲁""登泰山而小天下"……[1]

这些引语中，既有《论语》《孟子》《中庸》《左传》《老子》等广为人知的经典，还有许多是一般人甚至学者也不熟悉的，如郑板桥的《潍县署中画竹呈年伯包大中丞括》、于谦的《咏煤炭》、荀悦的《申鉴·俗嫌》。这说明习近平总书记很早就对传统文化有广泛深入的阅读和雄厚的积淀，才能在适当的情景信手拈来、运用自如。

在借鉴优秀传统文化方面，习近平总书记并不只是任意裁剪，为我所用，而是注重传统文化的整体性，对传统的治国为政之道，包括修身、齐家、治国、平天下各个方面都有借鉴。

如修身之道，习近平总书记在《之江新语》一书的《做人与做官》和《多读书，修政德》两篇文章中都引用了王安石《洪范传》中的"修其心治其身，而后可以为政于天下"，强调领导干部修身的重要性。而对于修身立德的方法，习近平总书记

---

① 习近平：《之江新语》，浙江人民出版社2007年版，第6、18、20页。

引述过《论语》的"见善如不及，见不善如探汤"，引述过《老子》的"祸莫大于不知足，咎莫大于欲得"，引述过《国语》的"从善如登，从恶如崩"……对于中国传统文化的心得广为借鉴。

党的十八大以后，习近平总书记在不同场合多次强调家风的作用。2013 年 10 月 31 日，习近平总书记在同全国妇联新一届领导班子成员集体谈话时强调："千千万万个家庭的家风好，子女教育得好，社会风气好才有基础。"2015 年的春节团拜会上，习近平总书记说："家庭是社会的基本细胞，是人生的第一所学校。不论时代发生多大变化，不论生活格局发生多大变化，我们都要重视家庭建设，注重家庭、注重家教、注重家风……使千千万万个家庭成为国家发展、民族进步、社会和谐的重要基点。"①2015 年 10 月 18 日，党中央印发《中国共产党廉洁自律准则》，以党内纪律规矩的方式，首次将廉洁齐家列为党员领导干部廉洁自律规范的重要内容之一，强调家风建设对于廉政建设的重要意义。

而在为政方面，习近平总书记对于传统文化中的民本思想、为政以德、义利之辩、用人、法治及廉政之道等都有阐发。在

---

① 《习近平关于社会主义文化建设论述摘编》，中央文献出版社 2017 年版，第 126 页。

世界舞台上，更以中国传统的"天下为公""和而不同""天人合一"等思想为世界贡献中国智慧。

从这种系统完整地运用传统文化作为治国理政的思想资源，可以看到这关乎的是"道"的选择，而不是"术"的运用。

不仅是对于中国优秀传统文化的继承和全面借鉴，在面对现代转型处境中的问题，面对中国传统文化在历史中并未遭遇过的问题时，习近平总书记也注重从中国传统的思维去发现解决问题的路径。

在庆祝中国人民政治协商会议成立 65 周年大会上，习近平总书记在讲话中强调，实现民主的形式是丰富多样的，不能拘泥于刻板的模式，更不能说只有一种放之四海而皆准的评判标准，并引用了清初思想家王夫之的"名非天造，必从其实"。

王夫之的这句话，原本是就天文历法中的命名和实际天象之间的关系而言的。但是对名与实的关系问题，早在中国的先秦时期就有深入的思考和讨论。王夫之在这个问题上的思路是强调"实"的重要性，提醒人们不要为"名"所惑。

就"民主"而言，很多人有意无意地以西方现代社会的民主政治形式为内涵，据此认为中国没有"民主"，或者认为中国应该推行"民主"，这就是为"名"所惑。实际上真正重要的是看人民是否实际上享有了民主权利，是看以何种形式才能更好地让人民享有民主权利。

正如习近平总书记所说的："人民是否享有民主权利，要看人民是否在选举时有投票的权利，也要看人民在日常政治生活中是否有持续参与的权利；要看人民有没有进行民主选举的权利，也要看人民有没有进行民主决策、民主管理、民主监督的权利。社会主义民主不仅需要完整的制度程序，而且需要完整的参与实践。人民当家作主必须具体地、现实地体现到中国共产党执政和国家治理上来，具体地、现实地体现到中国共产党和国家机关各个方面、各个层级的工作上来，具体地、现实地体现到人民对自身利益的实现和发展上来。"①

就以中国的政治协商制度而言，政协委员来自各行各业、各个领域和层面，从某种意义上可说是社会的精英，他们总结和整合人民群众的突出意见和呼声，参政议政，而政府部门对于政协委员的提案必须做出反馈，受到监督。在中国这样一个人口众多、社会情况极其复杂的国情下，政治协商制度正是一种切实可行的有效的民主机制之一。

这就说明，面对西方现代民主精神的影响，中国走向现代民主的实践，必须谨记不惑于名，理解中国实际的民主形态及

---

① 习近平：《在庆祝中国人民政治协商会议成立 65 周年大会上的讲话》，《人民日报》2014 年 9 月 21 日。

其优点和问题，并且结合实际进一步加以改善。

当然，习近平总书记在治国理政上对于传统文化深刻而系统的运用，并不等于完全以传统文化治国，而是马克思主义与中国传统文化的有机融合。他从马克思主义的角度清楚地说明过对于传统文化应有的基本态度。

一是坚持批判性继承。习近平总书记强调："对历史文化特别是先人传承下来的道德规范，要坚持古为今用、推陈出新，有鉴别地加以对待，有扬弃地予以继承。""有鉴别"就不是全盘肯定或全盘否定的极端态度，就不是落入文化保守主义，或者历史虚无主义的极端立场；"有扬弃"意味着在经过分析判断的基础上，剔除其过时落后的糟粕后，继承吸收其合理优秀的成分，"对存在合理内核又具有旧时代要素的内容，要取其精华、去其糟粕。对明显不符合当今时代要求的内容，要加以扬弃"。①

二是坚持创造性转化。习近平总书记提出继承传统文化，要结合时代的实践，有机融合到时代的文化中，融合到时代精神和民族精神的塑造中。要"努力实现中华传统美德的创造性转化、创新性发展，把跨越时空、超越国度、富有永恒魅力、具有当代价值的文化精神弘扬起来"，"要使中华民族最基本

---

① 《"习近平谈核心价值观"——民族的根与魂》，《人民日报（海外版）》2014 年 7 月 31 日。

的文化基因与当代文化相适应、与现代社会相协调"。①其实质就是实现优秀传统文化的现代化转型，再创中华文化的新辉煌。

三是加强挖掘和阐发。习近平总书记要求"加强对中华优秀传统文化的挖掘和阐发"。要建立传统文化的传承体系，要大力宣讲推广中华优秀传统文化，"要讲清楚中华优秀传统文化的历史渊源、发展脉络、基本走向，讲清楚中华文化的独特创造、价值理念、鲜明特色"。党员领导干部要带头学习中国优秀传统文化，阅读各类传统经典；各级各类学校要增加中国传统文化的学习比重；要积极运用传统的节日仪式等弘扬中华优秀传统文化。"让13亿人的每一分子都成为传播中华美德、中华文化的主体"。②

对于我们党运用优秀传统文化推动党的建设和社会主义建设，习近平总书记的这些观点将相关理论和实践提升到一个前所未有的高度，可以说形成了他的中国特色的社会主义传统文化观。

---

① 《"习近平谈核心价值观"——民族的根与魂》，《人民日报（海外版）》2014年7月31日。

② 董根洪：《论习近平的传统文化观》，《思想政治工作研究》2014年第9期。

（四）用中国优秀传统文化助推中国梦而非淹没在文化汪洋中

2000多年前，中国就出现了诸子百家的盛况，儒、墨、道、法等各派思想家广博而最具原创性的思考，确立了中国思想的典范。历经各代的层层累积，加之吸收融合外来文化，形成了以儒释道互补为主体的博大精深的中国传统文化。从实践的角度来看，必须把握中国优秀传统文化的时代价值，才能真正以传统文化助推中国梦，而不是淹没在传统文化的浩瀚汪洋之中。

2014年2月，习近平总书记在主持中央政治局集体学习时指出，培育和弘扬社会主义核心价值观必须立足中华优秀传统文化。要深入挖掘和阐发中华优秀传统文化的时代价值，使中华优秀传统文化成为涵养社会主义核心价值观的重要源泉。习近平总书记用六句话对中华优秀传统文化的基本精神进行了言简意赅的概括："讲仁爱、重民本、守诚信、崇正义、尚和合、求大同。"

1. 讲仁爱

在孔子之前虽然已有了"仁"的观念，但是他第一次明确地把"仁"界定为"爱人"："樊迟问仁，子曰：'爱人。'"①
孔子反对滥用权力和以随意的态度使用民力，主张以庄敬的态
度尊重、呵护百姓。唐代韩愈的"博爱之谓仁"即来自孔子的
"泛爱众"、爱人民、保护老百姓的思想，可见"仁爱"是普
遍性的爱。

实践"仁"包括了尽己之"忠"与推己之"恕"两个方面。
一方面是"己欲立而立人，己欲达而达人"，也就是自己想要
在社会上站得住，同时也要想到别人，让别人也站得住；自己
想通达起来，同时也要想到别人，希望别人也通达起来。另一
方面是"己所不欲，勿施于人"，即自己不想要的东西，不要
强加给别人，换位思考，设身处地地为别人着想。

儒家讲"仁爱"讲得很平实，从每个人对父母、亲人的情感开
始。首先是孝敬父母、尊重兄长，以这种爱为基点，然后推己及人，
由爱亲人推到爱邻人，由爱百姓推到爱万物，爱草木万物。习近平
总书记在世界政党高层对话会上所阐述的"民胞物与"的思想，
就来自宋儒张载的"民吾同胞，物吾与也"。就是说民众是我的同
胞，万物是我的朋友，表明宇宙万物都与我情感相通，表达了
一种普遍的仁爱。

---

① 出自《论语·颜渊》。

随着历史的发展，"仁爱"逐渐成为传统价值体系的内核。一方面，"仁爱"思想具有草根性，是中国老百姓的基本诉求。各种蒙学家训及口耳相传的人文教化，以润物细无声的方式把这种大爱精神普及千家万户，传承于世世代代；另一方面，"仁爱"也是历朝历代官德的中心内容，为官之道首要是关心百姓疾苦、仁民爱物。

当然，当代的仁爱原则必然要在传统的"仁者爱人"和"推己及人"基础上，融入现代的平等观念，赋予"仁爱"以新的时代意义，使之成为中华民族最核心的价值理念。

2. 重民本

"民本"观念是中国文化中发生极早，并且独具特色的思想。最早阐述这种思想的典籍是《尚书》。

《尚书·虞书·皋陶谟》中说："天聪明，自我民聪明；天明畏，自我民明威。"就是说，上天的视听是依据臣民的视听，上天的赏罚是依据臣民的赏罚。这两句话等于说"天"所做的，都是通过"民"来表达的，民意就相当于天意。

由这一思想为引发，"立君为民""民贵君轻""民为邦本""敬天保民"等重要古训，都呈现出民众在国家中的根本重要性。

如果说民本观念解决了国家目标的问题，那么与之密切相关的是如何达到这一目标的问题。所以中国传统同时也特别强调"尊贤"的观念，与制度性约束相比，更强调有德的贤才对于为政的基本重要性，这与中国传统政治制度的特点密切相关。

站在现代的立场，应当说，民本思想虽然肯定了"为人民的统治"的问题，但没有很好地解决"由人民统治"的问题，对于如何落实以民为本的问题，还需要在实践中不断探索切实可行的权力制约及国家治理体系的制度设计。

正因如此，在建构社会主义中国的核心价值观时，必然选择"民主"而不是"民本"。但是传统的民本观念以及相关的思想，深刻影响了中国人的思想意识、风俗习惯、情感样式，这是中国的民主理念具有自己鲜明的民族文化特色的根本原因。

3.守诚信

在中国最早期的文献《尚书》中，"信"已经作为治国者的品质提出。《尚书》中赞扬帝尧"允恭克让，光被四表，格于上下"，其中的"允"就是信。

虽然先秦时期的诸家都对诚信观念有过发挥，儒家对于诚信的阐述却是最具深远影响的。"人而无信，不知其可也""民无信不立""信，国之本也"，这些观念使得中国传统一直将诚信视为治国为政的根本，也是个人进德修业的起点。

改革开放以来，利益至上的思维严重冲击了诚信这一传统美德，中国遭遇了一场前所未有的"诚信危机"。这一方面固然说明中国在迈向现代化的过程中，仅仅依靠道德传统的维系是不足的，还必须建立与现代社会相适应的制度性安排。但更重要的是，失去诚信的精神，即使获得一时的利益，但却没有持久的尊严，而尊严不可能仅仅通过服从制度性约束而获得，它只能通过回归到诚信的道德才可能建立。

习近平总书记在《之江新语》一书中说："企业无信，则难求发展；社会无信，则人人自危；政府无信，则权威不立。"[1]这是传统的诚信美德对于今天的人们是如此重要的一个最好的诠释。

4.崇正义

"义"作为儒家文化的标志性词语，与现代的公平、公正的含义并不完全等同。近代以来，国内常常以西文的"justice"（公共的利益或者公共的善恶）一词为基础谈论"正义"问题，

---

[1] 习近平：《之江新语》，浙江人民出版社2007年版，第18页。

就不免对中国传统文化中"义"的特殊内涵有所忽视。

"义"的含义是适宜、应当。儒家对于"义"的理解是建立在义利之分上的，就是坚持认为存在义和利两种并不绝对排斥，但有高下之分的行为的目标。传统的义利观，主张义利并举，但也承认会遇到义和利发生不可调和冲突的时候，这时应舍利而取义。

出席第七十届联合国大会一般性辩论时，习近平主席讲话指出："大国与小国相处，要平等相待，践行正确义利观，义利相兼，义重于利。"[①] 这与儒家荀子所倡导的义利观是完全相通的。

传统文化对于"义"的推崇，有智慧和道德的双重含义，既强调先义后利的智慧，如荀子所说的"先义而后利者荣，先利而后义者辱"[②]，也强调在义利冲突时义重于利的道德，"苟利国家生死以，岂因祸福避趋之"[③]。这绝不是人人容易做得到的，恰恰相反，它是极其不易做到的，所以才应当被崇敬。

2013年9月10日，外交部部长王毅在《人民日报》发表《坚持正确义利观　积极发挥负责任大国作用——深刻领会习近平

---

① 《继承弘扬联合国宪章宗旨和原则　中国将始终做世界和平的建设者、全球发展的贡献者、国际秩序的维护者》，《人民日报（海外版）》2015年9月29日。
② 出自《荀子·荣辱》篇。
③ 出自林则徐的《赴戍登程口占示家人》。

同志关于外交工作的重要讲话精神》一文，其中引述了习近平总书记对"正确义利观"的重要阐述——"义，反映的是我们的一个理念，共产党人、社会主义国家的理念。这个世界上一部分人过得很好，一部分人过得很不好，不是个好现象。真正的快乐幸福是大家共同快乐、共同幸福。我们希望全世界共同发展，特别是希望广大发展中国家加快发展。利，就是要恪守互利共赢原则，不搞我赢你输，要实现双赢。我们有义务对贫穷的国家给予力所能及的帮助，有时甚至要重义轻利、舍利取义，绝不能唯利是图、斤斤计较"。

何谓义和利，会随着时代的变迁而变化，但是中国传统文化中以义为先、先义后利的价值观念，至今还有应该被推崇和践行的价值，尤其是领导干部作为群众的引领者，更应汲取中华优秀传统文化的精粹。

5.尚和合

"和合"是中华优秀传统文化的典型特质，很多专家学者从不同的侧面阐述过传统文化的和合精神。

著名中国哲学史家、北京大学教授汤一介先生对此作了深入研究。他认为，在当今科技高度发展的信息时代，人类要生存和发展下去，就必须争取"和平共处"，必须实现"共同发展"。要达到此目的，就要建立起一种人与人之间的和谐关系，推而广之，就是要调整好国家与国家、民族与民族、地区与地区的关系。同时也要建立起一种人与自然之间的和谐关系。而"在中国的儒家和道家思想中，为我们提供了极有价值的'和谐'观念的资源"①。

汤先生认为，中国哲学的和谐观念由四个方面构成，"这就是说，由'自然的和谐''人与自然的和谐''人与人的和谐''人自我身心内外的和谐'构成了中国哲学的'普遍和谐'的观念。"这四种和谐构成的"普遍和谐"观念，即是"太和"观念。

中国的"和"文化源远流长，中华文化对和谐的推崇，表明中华民族历来是爱好和平的民族。习近平总书记顺应和平与发展的时代主题，对"和"文化内涵作了进一步发掘和阐发，将其提升为当今中国处理个体与群体之间、国家与国家之间、自然与社会之间关系的指导原则。他向全世界各个国家地区的人民传播"和平"的价值理念，拓宽了世界人民对中国传统文化的了解和认同，对提升国家文化软实力与国际形象起了极大的作用。

----

① 季羡林等编著：《大国方略——著名学者访谈录》，红旗出版社1996年版，第192页。

"和合"精神作为中华优秀传统文化的思想精华，对中华民族的思维方式和价值取向产生了决定性的影响，是社会主义核心价值观的重要源泉。

6.求大同

大同是中国人关于理想社会世代憧憬的美好理想。它是中华民族前进的向导、精神的支柱。

《礼记·礼运》篇说："大道之行也，天下为公。选贤与能，讲信修睦。故人不独亲其亲，不独子其子。使老有所终，壮有所用，幼有所长，鳏寡孤独废疾者皆有所养。男有分，女有归。货恶其弃于地也，不必藏于己；力恶其不出于身也，不必为己。是故谋闭而不兴，盗窃乱贼而不作，故外户而不闭，是谓大同。"

如果我们将大同的理想与其他国家对于理想社会的想象做一对比，可以看出，美国的理想是建立普世的自由民主的世界，伊朗的理想是建立地上天国，那么"大同理想"就更显崇高、宽广和平易。

大同是在和小康的对比中提出的，这一对比意味深长："今大道既隐，天下为家。各亲其亲，各子其子，货力为己，大人世及以为礼。城郭沟池以为固，礼义以为纪。以正君臣，以笃父子，以睦兄弟，以和夫妇，以设制度，以立田里，以贤勇知，以功为己。故谋用是作，而兵由此起。禹、汤、文、武、成王、周公，由此其选也。此六君子者，未有不谨于礼者也。以著其义，以考其信，著有过，刑仁讲让，示民有常。如有不由此者，在埶者去，众以为殃，是谓小康。"①

从孔子时代到今天，这2500多年间，从未出现过大同世界。但中国历代圣贤，总是胸怀大同，建设小康，心中有理想，脚下有现实，不因追求大同而鄙弃小康，也不因面对现实而放弃崇高理想。这就是中国"实事求是"的伟大传统。

在当今全球化时代，人类文明高度发展之后，必然出现对理想的向往。"'天下为公，世界大同'不是建设国家的具体步骤，不是发展经济的实际方案"，但"这个理想是华夏民族的旗帜，前赴后继，亿万同风"。②

综上所述，习近平总书记所阐述的"讲仁爱、重民本、守诚信、崇正义、尚和合、求大同"集中体现了中国传统文化中的政治思想、伦理道德、价值观念以及社会理想信念，这些思想既有各自相互独立的内容，又相辅相成，构成了完整的思想体系。不管经历怎样的社会变革，这些思想始终是中华民族最

---

① 出自《礼记·礼运》篇。
② 周有光：《朝闻道集》，世界图书出版公司2010年版，第5页。

牢固的文化根基，也是中华优秀传统文化时代价值的集中体现。

二、革命文化不只是"红色"的

革命文化根植于中华优秀传统文化，是社会主义先进文化发展的直接来源。它形成于一个极为特殊的时代，却并不只属于那段红色的岁月；它更容易让人联想到的是战争，是鲜血，却不易察觉到，平凡生活中的勃勃生机其实来自它的精神的跳动。

（一）蒙塔日的红色印记

蒙塔日是一座法国小城，坐落在法国中央大区的鲁瓦雷省，在里昂和巴黎之间。小城处于卢万河、布索河和凡尼松河的交汇处，此外还有一条布里亚运河流经小城。这么多的河流汇聚在此，造就小城内131座各式桥梁，也为蒙塔日赢得了"法国的威尼斯"的美誉。

2005年1月，蒙塔日为日益增多的中国游客开辟了一条红色旅游路线——"伟大的足迹"，供游客探访当年勤工俭学中国学生走过的路。

时光倒流 100 年，法国正处于第一次世界大战的后期，繁华的巴黎是名副其实的"世界之都"，各种思想在这里交汇。而此时，在遥远的中国，社会正陷于可怕的混乱和动荡之中。许许多多青年人认识到，要改变中国现状，必须走出国门，去外部世界寻找改造中国的方法。

从 19 世纪末开始，中国青年留学运动如雨后春笋般迅猛发展。100 年前的留法勤工俭学就是这段史诗不可或缺的一章。在 2000 余名赴法国的学生中，产生了周恩来、邓小平、陈毅、聂荣臻、王若飞、赵世炎、蔡和森、向警予、李维汉、李立三等许多中国革命的先驱和新中国的缔造者。

由于巴黎的生活费用昂贵，而距离巴黎 100 千米的蒙塔日，工厂较多，也接收中国学生打工，逐渐成为中国留学生的聚集地。

1922 年 2 月 13 日，当时名叫邓希贤的邓小平登记名字后，第二天就在一家名为玉劲松的工厂上班。

在蒙塔日，邓小平庆祝了他的 18 岁生日，并从这里走向他革命家的道路。

在习近平主席于 2014 年春访问法国的时候，首站特意选在里昂。1921 年 7 月成立的里昂中法大学，是中国近代在海外设立的唯一一所大学类的机构，当时的中国教育家李石曾、蔡元培、吴雅晖、吴玉章等人招募中国青年赴法留学，这里和中国共产党许多老一辈领导人有着重要联系。从某种意义上讲，这里是中国从民族救亡到民族复兴历史进程的一个起点。

2014年8月，邓小平诞辰110周年之际，蒙塔日市议会全票通过决定，将市中心广场命名为"邓小平广场"。"邓小平广场"标牌上用中法两种文字写着：谨纪念20世纪20年代来蒙塔日勤工俭学的中华人民共和国前伟大领导人邓小平。牌子上印着邓小平青年时期的照片，照片上的邓小平意气风发。

蒙塔日的红色印记吸引着众多中国游客前来重温这段历史，但这还仅仅是越来越火热的海外红色之旅的一角而已。德国特里尔市的马克思故居，俄罗斯的中共六大会址常设展览馆、红场列宁墓、阿芙乐尔号巡洋舰、斯莫尔尼官、伏尔加河畔的列宁故乡乌里扬诺夫斯克等，都成为访欧中国游客的重要目的地。

我们不必再提及中国各地革命文化遗址以及各种红色旅游路线上涌动的人潮，就可以看到那个时代对当代中国人的吸引。能够越过时空，不断激起后人敬仰和回味的，不正是虽然产生在那个时代，但却是人之为人必然渴望的一种精神吗？

（二）革命文化是"力感文化"

作为一种特殊的历史文化资源，革命文化并没有随着时代的发展而成为被封存的历史，而是不断地被激活和传递。没有这种延续，没有在各式各样的位置上做出牺牲奉献的人，中国不可能取得今天这样的成就。

在几乎每一个中国人从小受到的教育中，革命文化都是其中重要的元素。对于中国所倡导的核心价值观，革命时代的人物和行动为很多价值提供了最有力度的原型。

可以说，革命文化对当下中国的特殊价值以及它的持久魅力，就在于它是最能给予中国人力感的文化。

这种力感首先是因为它扎根于大地，扎根于祖国和人民。

在中国的传统文化中，不乏爱国主义的传统和为民请命的精神，但是由于在当时，文化主要是由贵族阶层所把持的事务，传统文化可以有对"民"的同情与怜悯，可以认识到民贵君轻，但并没有，也不可能完全把"民"放在一个平视的角度。即便是提出"王侯将相宁有种乎"的陈胜，起义之目的也不外乎自己成为统治者。因而只有在革命文化中，才第一次将人民的地位托举到前所未有的高度。也因为这样，那个时代的革命家们找到了一个前所未有的力量的根基。

古希腊有一个神话故事，讲述大地女神盖亚的儿子阿特拉斯力大无穷，只要他与大地保持接触就不可战胜。对于共产党人来说，大地就是祖国，就是人民，就是无穷力量的源头，也是生死攸关的基石。

我们知道淮海战役是 60 万土枪土炮的解放军战胜 80 万装备精良的国民党军，是解放军以少胜多的经典战例。其实，所谓以少胜多不过是表面现象，淮海战役的胜利，绝不只是共产党军队的胜利，更是广大支前民工的胜利。当时支援前线的民工数量巨大，据统计高达 543 万人，也就是 1 个战士后面有 9 个民工在支持。这 500 多万的民工基本上来自淮海战役战场周围的江苏、山东、安徽和河南四个省份，其中，随军的常备民工有 22 万人，二线的民工有 130 万人，其他近 400 万都是后方临时调动的。数百万民工不仅提供了大量人力的支持，还尽己所能提供了物力的保障，一个又一个家庭将口粮都送上了前线。许多民工牺牲在运送粮食弹药和为救护伤员抬担架的路上。所以才会有陈毅元帅的那句话："淮海战役的胜利是人民群众用小车子推出来的。"

在当代中国，党员干部引领群众的力度依然取决于他扎根于群众的深度。在习近平总书记的回忆文章《我是黄土地的儿子》中，他说："15 岁来到黄土地时，我迷惘、彷徨；22 岁离开黄土地时，我已经有着坚定的人生目标，充满自信。"那么，其间究竟经历了什么使他发生这样的变化？给予他自信的力量？他最初的时候也曾经"没有长期观念，也就没有注意团结问题。别人下去天天上山干活，我却很随意，老百姓对我印象不好"。而当意识到"你现在不靠群众靠谁？当然要靠群众"，"我就按这个思路努力跟群众打成一片。一年以后，我跟群众一起干活，生活习惯，劳动关也过了"，"当我适应了当地的生活，特别是和群众融为一体时，就感到自己活得很充实"。习近平总书记说："我的成长进步起始于陕北。最大的收获一是懂得了什么叫实际；二是培养了我的自信心。"①正是扎根于群众所汲取的力量带给他"为群众办实事"的不变信念。

革命文化给予人的力感，还因为那种信念支撑下无比坚韧的精神。

很多中国的企业家、创业者从长征史诗中汲取精神力量，让革命文化激荡出自强不息、永不言弃的意志。同样，在许许多多平凡的岗位上真正做好工作，又何尝不需要这种力量？

随着"工匠精神"一词首次出现在 2016 年的政府工作报告中，"大国工匠"成为红遍大江南北的热词。人们意识到不只是那些舍生忘死的革命者，在平凡中创造非凡的大国工匠们，

---

① 习近平：《我是黄土地的儿子》，《全国新书目》2002 年第 12 期。

同样也堪称"中国的脊梁",因为在他们身上延续着共通的精神。

这些技艺非凡的工匠们,哪一个不是经过长期的磨炼造就的?为 APEC 会议制作国礼的孟剑峰,要在上百万次的錾刻中不能有一次失误,当谈到师傅的教诲时,他说:在我眼中,师傅老老实实一个手艺人,一辈子只干一件事,从不跟人比较,自己学好手艺,跟自己去比,不断超越自己。

为什么一个人可以踏踏实实一辈子干好一件事?说到底,是信念,是对自己所做的事的价值的坚守。就像承担探月卫星"嫦娥一号""嫦娥三号""天宫二号"工程的沈良所说,"工匠人生是苦尽甘来的修行"。

大国工匠们的精神之所以特别具有打动人心的力量,还在于他们的信念扎根在民族与国家的发展之中。被称为"火箭发动机焊接中国第一人"的高凤林,谈到为何拒绝很多企业开出的优越待遇,坚持做原来的航天人时,他说:"每每看到我们生产的发动机,把卫星打到太空,一种成功以后的自豪感,你说金钱能买到吗?被挖走了,得不到民族认可的满足感……"[①]

或许,最让人动容的力感,就是革命精神中的牺牲奉献。

根据民政部的不完全统计,自革命战争年代以来,先后

---

① 中央电视台系列纪录片《大国工匠》,2015 年 5 月 1 日播出。

约有 2000 万名烈士为中国革命和建设事业献出自己宝贵的生命。这些先烈大多数没有留下姓名。目前，有姓名可考、已列入各级政府编纂的烈士英名录中的仅有 180 万人左右。

5000 多年的中华历史上何曾有过一项事业，可以让如此多的人从容赴死？他们明明知道前面不是鲜花铺路，没有红地毯，甚至于死了都无人知道他们的名字，那么他们要的是什么？要的只能是牺牲，为人民、民族和国家的牺牲。

从一个角度看，牺牲是因为太过"柔弱"，奉献是因为做不到"两全其美"，但是恰恰由于这种冲突和张力，它们的力量愈显强大。没有纯粹的牺牲和奉献，这世界上不可能存在爱与正义。这或许就是革命时代会在历史深处恒久牵动人的心弦的原因。

如果说中华优秀传统文化更容易让人联想到的是千年古国的中国风度，社会主义先进文化更容易让人联想到大国崛起的中国奇迹，那么革命文化最凸显的就是磅礴的力量所锻造的中国骨气，是中华文化画龙点睛的一笔。

三、社会主义先进文化"先进"在哪里

以社会主义核心价值观为基础的社会主义先进文化是伴随着中国社会现代化转型的实践所产生和不断发展的，它既是这一实践的精神指引，又是这一实践的文化结晶。文化不是脱离社会实践的空谈，社会主义先进文化的"先进性"首先要落实在中国社会主义建设实践具体实现的社会价值。

（一）摆脱贫困，一个都不能落下

2000年9月，189个国家的代表在联合国千年峰会上通过了《联合国千年宣言》，承诺在2015年之前实现减少极端贫困和饥饿，普及小学教育，促进性别平等和提高妇女权利，降低儿童死亡率，改善产妇保健，与艾滋病、疟疾等其他疾病做斗争，确保环境的可持续能力和推动全球合作伙伴关系等八项目标，即千年发展目标。

联合国千年发展目标还为每个方面确定了具体的衡量指标，八个大目标下设21项具体目标和60项官方指标，其中包括从1990年到2015年间，每日收入低于1.25美元的人口比例减半；5岁以下儿童的死亡率降低2/3；产妇死亡率降低

3/4；无法持续获得安全饮用水和基本卫生设施的人口比例减半；遏制并开始扭转艾滋病的蔓延等。

在这些关乎人类，尤其是弱势群体的基本权益的方面，中国的作为怎样呢？2015年7月中国公布了自己落实千年发展目标的成绩单。

在中国外交部与联合国驻华系统共同发布的《中国实施千年发展目标报告（2000—2015年）》（2015年版）中，全面介绍了过去15年中国实施千年发展目标的情况，总结了中国的发展经验和做法，并就中国未来的发展进行了前瞻。报告指出，中国落实千年发展目标取得了举世瞩目的成就，同时，中国积极参与南南合作，为120多个发展中国家落实千年发展目标提供了帮助，得到国际社会的一致认可。

中国在落实千年发展目标中取得的主要成就包括：从1990年到2011年，帮助4.39亿人摆脱贫困，5岁以下儿童死亡率降低了2/3，孕产妇死亡率降低了3/4，将无法持续获得安全饮用水及基本卫生设施的人口比例降低了一半。

报告也指出，虽然中国提前完成了多个目标，但"降低生物多样性丧失，到2010年显著降低生物多样性丧失的速度"的目标没有实现，而"到2020年，明显改善约1亿棚户区居民的居住条件"的目标则是"很有可能"实现。

我们不妨以消除贫困为例，探讨这些统计数字背后的含义。

1990年全球极端贫困人口有19亿，2015年降至8.36亿，其中，中国的脱贫贡献率超过70%，7亿多中国人在这期间摆脱了可怕的贫困陷阱。中国的减贫人口数量约相当于美国人口的两倍，高出欧盟人口总数的40%，超过拉美国家的总人口。

这其中的意义绝非7亿多人摆脱饥饿那么简单。它将对7亿多人的生活构成决定性的影响，从而决定他们的寿命、受教育的可能，以及是否有能力改善自己的生活品质等方方面面。

中国消除贫困的成绩之所以好，是由于中国的治理模式。正如英国《经济学人》杂志2013年指出的那样："印度和非洲糟糕的治理能力，使得中国的扶贫经验无法快速推广。"事实上，中国的治理模式以及将公平发展纳入政策核心才是这一成就的关键。

虽然中国当前的贫富差距依然巨大并且导致诸多问题，但是中国政府从未停止将消除贫困作为自身的首要任务之一。

中国已立下到2020年现行标准下的农村贫困人口全面摆脱贫困的庄严承诺。据国务院扶贫办数据，2016年中国的农村贫困人口数量有4335万人，要在2020年彻底消除贫困，就意味着在未来1000多天中，大约每三秒就会有一个人脱贫。

更何况，最后剩下的这4000多万人的脱贫任务，是最难啃的骨头。目前，我国有 14 个片区，592 个贫困县，12.8 万个贫困村。14 个片区分别是西藏、四省藏区、南疆、六盘山、秦巴山、武陵山、乌蒙山、滇黔桂石漠化片区、滇西边境、大兴安岭南麓、燕山—太行山、吕梁山、大别山和罗霄山。 而贫困人口大多分布在"角落里"：深山区、石山区、高寒山区、偏远山区等。这些地区大多交通非常不便，基础设施和公共服务条件差。不少地方还面临"保护生态"与"加快发展"的矛盾，绝非可以简单采取经济补助的方式加以解决，也不能有效避免扶贫后返贫的问题。对此，习近平总书记形象地说，"手榴弹炸跳蚤"是不行的。

2013 年 11 月，习近平总书记在湖南湘西十八洞村首次提出了"精准扶贫"的概念。这一针对不同贫困区域环境、不同贫困农户状况，运用科学有效程序对扶贫对象实施精确识别、精确帮扶、精确管理的创新治贫方式，以每年减贫 1300 万人以上的成就，成为中国完全消除极端贫困的关键手段。

让所有中国人摆脱贫困，这是一个有实力、负责任的执政党的担当。当被人问到世界能从中国的经验中学到什么时，英国剑桥大学发展研究中心主任彼得·诺兰回答说，最重要的是伦理与道德，还有仁。"仁的意思是，尝试为人民谋利益。这在现在这个时代十分有意义。这就是为什么我认为'为人民服务'这一口号十分了不起"。[1]

（二）谁之价值？

虽然社会主义先进文化与中国现代化的转型实践相伴相生，但是很多人对于中国实践道路的评价，与对于社会主义先进文化的评价，常常有着巨大的落差。这一落差，绝非可以用文化建设的滞后所能解释。

中国在国家治理和经济发展方面的成就非常具体和显著，可以说有着不言而喻的说服力，但是在文化领域，很多脱离实际的价值和观念却会扭曲人们的判断，削弱甚至根本质疑对社会主义先进文化的价值和生命力的充分肯定和自信。

美国《民主》期刊主编戴蒙德教授 2008 年在《外交事务》杂志上发表文章，首度提出全球进入民主萧条期的判断。

在这一判断的背后，其实是 20 世纪末至 21 世纪初，劣质民主散播全球的现象。

那么中国老百姓对民主是如何理解的？他设计了一个开放的问题：大家都讲民主，对你来说，民主到底指的是什么？通

---

[1] 《精准扶贫，中国书写最伟大故事——国际社会积极评价中国脱贫攻坚成果》，《人民日报》2017 年 10 月 23 日。

过对于受访者回答的分析，他发现只有不到 12% 的人认为民主是指选举，6.3% 的人认为民主是制衡集权者，按照西方理论，这两部分合起来可以说是属于程序民主的认知。还有 22.9% 的人认为，民主就是自由。而将近 55% 的人则认为，民主是政府在作决策的时候，时刻想着人民的利益，征求和听取人民的意见，政府应该为人民服务。如果把程序民主和实质民主分开提问，就是比较两者哪个更重要：① 党和国家领导人由选举产生；② 党和国家领导人在做决策的时候，时刻想到人民的利益。结果发现，80% 的人都说程序不重要，重要的是实质。[①]

站在中国传统的视野中去看，这些实证结果完全是符合预期的。中国人想要的民主，更符合儒家民本思想的民主，就是中国共产党所说的"权为民所用"，而不是西方意义上的民主。

在中国传统儒家的政治哲学中，衡量一个统治者的标准，从来不是看他是怎么上台的，而是看他在台上能不能代表人民的利益。而且与西方政治学的传统观念不同，中国的政治制度，并非杜绝民众参与政治，而是改变了民众参与政治的方式。

在文化建设的过程中，真正为多数人谋取幸福的价值观念，绝不可能脱离本民族和国家的传统土壤。很多流行的反社会主

---

① 玛雅：《道路自信：中国为什么能》，北京联合出版公司、中信出版社 2014 年版，第 218—219 页。

义的思潮，与其说代表多数人的价值，不如说只是实现个人价值的工具。

在社会主义先进文化中，居于中心地位的就是社会主义核心价值观，那么这一价值观是如何产生的呢？它的根基又是什么？

习近平总书记在 2014 年同北京大学师生座谈会上的讲话中指出："每个时代都有每个时代的精神，每个时代都有每个时代的价值观念。国有四维，礼义廉耻，'四维不张，国乃灭亡。'这是中国先人对当时核心价值观的认识。在当代中国，我们的民族、我们的国家应该坚守什么样的核心价值观？这个问题，是一个理论问题，也是一个实践问题。经过反复征求意见，综合各方面认识，我们提出要倡导富强、民主、文明、和谐，倡导自由、平等、公正、法治，倡导爱国、敬业、诚信、友善，积极培育和践行社会主义核心价值观。富强、民主、文明、和谐是国家层面的价值要求，自由、平等、公正、法治是社会层面的价值要求，爱国、敬业、诚信、友善是公民层面的价值要求。这个概括，实际上回答了我们要建设什么样的国家、建设什么样的社会、培育什么样的公民的重大问题。"[1]

---

① 习近平：《青年要自觉践行社会主义核心价值观——在北京大学师生座谈会上的讲话》，人民出版社 2014 年版，第 4 页。

　　坚持何种价值，绝不是书斋中的思辨问题，而是必须反映这个时代人民大众的真实诉求。坚持社会主义核心价值观，是中国的政治判断，但是这一判断恰恰来自人民大众的意见，"反复征求意见，综合各方面认识"正是民众政治参与方式的体现。

　　因此，社会主义核心价值观清晰地呈现出以人民为中心的价值立场。这意味着，人民是历史的创造者和见证者，是文化发展最深厚的力量源泉。我们的社会主义先进文化，是人民大众的文化，是人民大众共建共享的文化，人民的需要才是社会主义先进文化存在的根本价值所在。

第四章

中华文明的复兴与中国方案

1988 年，诺贝尔奖获得者汉内斯·阿尔文说过一句话："如果人类要在 21 世纪生存下去，必须回到 2500 多年前，去汲取孔子的智慧。"[①]这一论断被写入当年的诺贝尔奖宣言。从诺贝尔奖将儒家文化列入人类未来发展所需要的智慧，到"和平共处五项原则"，再到"人类命运共同体"被提出并先后写入多个联合国文件，无不彰显出中国文化对世界文化的极大贡献。从这一层面看，中国的文化自信极具世界意义。

回望 1971 年，一次出人意料的外交胜利使中国重返联合国。那时，在近一个世纪的沉默之后，中国的声音和中国的故事再次被世界听到，而不再是默默无闻无关痛痒。在那样一个时间，以那样一个事件标志着中国重新走向世界舞台，或许只是历史的偶然，但不可阻挡的却是一个劫后重生的古老文明终究会重焕青春。

在以习近平同志为核心的党中央坚强领导下，"一带一路"倡议、建设人类命运共同体的理念以及"修文德以来之"的中国风度，赋予中国前所未有的国际影响力。我们所不能测量，而只能留给想象空间的，是这个古老国家的文明积淀究竟将给世界作出怎样的贡献，带来怎样的变化。

---

① 吴德耀：《古今人对孔子的评价》，《走向世界》1989 年第 5 期。

一、复兴的起点

1971 年 10 月 25 日，美国纽约联合国总部举行的第 26 届联合国大会，先是否决了美国提出的恢复中国席位需要 2/3 多数通过的提案，接着又以 76 票赞成、35 票反对、17 票弃权的压倒多数通过联大 2758 号决议，恢复中华人民共和国在联合国的权利。这件 50 年前震动当时国际社会的事件，既是中国正式踏入国际舞台的分水岭，也从一开始就显示出那些由中华文明基因所决定的特有姿态。

就在通过决议前不久，第二次到访中国的基辛格正要从钓鱼台赶往机场，准备飞往上海。在汽车上，基辛格对叶剑英说："今年你们进不了联合国。"飞行途中，当基辛格接到决议通过的电报，立刻苦笑着说："光是中美接近就会使国际形势产生革命性的变化。""连我自己对此也认识不足。我没想到事情会来得这么快。"①

中国在这个时间点重返联合国，固然是意料之外，但也在情理之中。当年在外交部欧美司工作，后任新华社香港分社社

---

① 吴光祥：《中国代表团首次出席联大的种种"意外"》，《世纪风采》2012 年第 2 期。

长的周南事后曾解释中国能在当时进入联合国的原因："中国国力增强，是工农业大国，又有'两弹一星'上天，加上联合国在 60 年代内部局势变化很大。刚开始，多数国家在美国控制下，60 年代后，非洲民族解放运动风起云涌，大批非洲国家独立，而且加入了联合国，他们和中国互相支持。"[①]

周南的分析既点出了中国重返联合国的根本原因，也点出了中国能够在那个时间点获得成功的特殊因素。

的确，国际政治的某些偶然因素导致了决议的通过。例如，在投票赞成提案的国家中，非洲的票数是最多的，51 个非洲国家中有 26 个国家赞成，但以支持率而论，欧洲国家的支持率反而是最高的，29 个国家中有 24 个国家赞成。其背后的重要原因就是它们已经察觉到美国当时要与中国改善关系的意图，因此率先排除未来与中国发展关系的障碍。

但是真正推动中国能够在国际舞台发声的原因，无非是站立起来的中国已经开始拥有不容忽视的力量，中国占世界 1/5 的人口，已经不仅仅是一个数字，而是具有普遍代表性的联合国不可或缺的一部分。

1971 年的中国，或许让世人印象最深刻的是我国政治与

---

① 王恺、徐菁菁：《新中国这样重返联合国》，《三联生活周刊》2009 年第 1 期。

经济社会发展存在着许多不稳定因素。然而不能忘记，站立起来的中国人也不断积蓄着自身的力量，即使是"文化大革命"期间，中国科技人员凭着坚韧的毅力在极端不利条件下所取得的成就，依然是令人瞩目的。除了广为人知的"两弹一星"之外，还有如下成就：

1966年12月，中国在世界上第一次人工合成结晶胰岛素。

1967年1月，中国石油的勘、采、炼技术成熟完备，实现石油产品的自给自足。

1967年10月，中国第一台晶体管大型数字计算机研制成功。

1969年4月，第一艘万吨油轮"大庆27号"下水。

1970年8月，中国大飞机项目正式启动。

1971年8月，中国第一艘核动力潜艇首次以核动力进行航行试验，从此中国海军成为世界上第五个拥有核潜艇的海军。

…………

即便在曲折艰难的道路上，中华民族朝向复兴的努力也从没有停止过。

1971年11月8日的美国《时代周刊》杂志的封面上印着周恩来的照片，并写着"中国人来了！"这是西方媒体意识到中国在与美国进行友好的接触，两者的关系就要从以前的敌对关系改变为合作关系，或许两国领导人的会面已经近在咫尺，近年解密的录音资料的确也证实了当时的尼克松有邀请周恩来访美的计划。《时代周刊》的这句话，也再恰当不过地成为中华民族即将重为世界瞩目的注脚。

在中国重返联合国的过程中，非洲及广大发展中国家给予了最大的支持。表决结果一出来，许多非洲国家代表都站起来热烈鼓掌。当时美国报纸说，在中国当过大使的坦桑尼亚驻联合国代表萨利姆高兴得手舞足蹈，跳起了非洲舞，这激怒了很多美国人。所以我们常常听到中国是被非洲兄弟抬进了联合国的说法。

正是从中国重返国际舞台的一开始，中国就是与广大发展中国家站在一起，并且从毛泽东以来一直遵循这样的基本价值原则。

1974年2月，毛泽东从战略意义上提出了"三个世界"这一概念。他在会见来华访问的赞比亚总统卡翁达时说："我看美国、苏联是第一世界。中间派，日本、欧洲、加拿大，是第二世界。咱们是第三世界。""第三世界人口很多。亚洲除了日本都是第三世界。整个非洲都是第三世界，拉丁美洲是第三世界。"①

1984年5月，邓小平会见巴西总统若昂·菲格雷多时指出：

---

① 《毛泽东文集》第8卷，人民出版社1999年版，第441—442页。

中国的对外政策，主要是两句话。一句话是反对霸权主义，维护世界和平；另一句话是中国永远属于第三世界。

从中国属于第三世界的划分，到邓小平的永远属于第三世界的主张，体现了中国的价值定位。

2015年当地时间9月28日，第70届联合国大会迎来"重头戏"——一般性辩论。每年9月联合国大会新一届会议开幕后，联合国193个成员国、观察员和国际组织领导人都会齐聚联大会堂，利用一般性辩论机会站在这个世界讲台上发出自己的声音。习近平主席在辩论会上发表了演讲，他特别谈及了中国与发展中国家的关系，在不到30秒的时间里，两次被掌声打断。习近平主席强调："中国将继续同广大发展中国家站在一起，坚定支持增加发展中国家特别是非洲国家在国际治理体系中的代表性和发言权。中国在联合国的一票永远属于发展中国家。" [1]

对这一价值原则的一贯坚守，是中国在此后走向世界的过程中，受到国际社会广泛支持和拥戴的根本原因。

---

[1] 《习近平谈治国理政》第2卷，外文出版社2017年版，第526页。

二、"一带一路"的文明视野

2013年9月7日，习近平主席在哈萨克斯坦纳扎尔巴耶夫大学演讲时首次提出"丝绸之路经济带"的设想。同年10月3日，在印度尼西亚国会演讲时，习近平主席又提出了"21世纪海上丝绸之路"。2014年11月的APEC会议上，他将两个概念合二为一，提出"一带一路"的构想。这不仅是中国所推动的宏大的国际战略合作建设计划，也是中华文明以己欲立而立人，己欲达而达人的心胸开启人类文明的交流互鉴。

（一）亚洲基础设施投资银行令美国三个欧洲最佳盟友"倒戈"

"一带一路"倡议的提出，既有应对2008年金融危机后世界经济形势严峻的考虑，也有反制美国对中国进行战略围堵的设想，更是因为中国的巨变必然导致世界的巨变。

就全球的经济板块而言，世界前十大经济体，除美国、日本和巴西外，都处于丝绸之路经济带。"一带一路"沿线国家，其国民生产总值占世界总额的55%左右，拥有世界约70%的人口和地球上已知的能源蕴藏量的75%左右。这样的经济体量，加之全球最具竞争力的经济发展速度，已确定中国成为带动亚洲区域经济整合的龙头，也有望使"一带一路"成为新全球化时代的经济大动脉。

在西方列强尚未全面推进殖民扩张之前，横跨欧亚的陆上丝路、海上丝路，在千年的历史中一直以来都拥有世界贸易枢纽的地位，世界经济重心一直是沿着丝路而分布，可以说形成了最早的全球化模式。中国的"一带一路"倡议，正好选择了历史上以西安为起点的陆上丝路，以及以宁波、泉州和广州为起点的海上丝路。

未来，中国将会通过上海合作组织吸纳新成员国，不断稳固"一带一路"的政治基础。借助新成立的"亚洲基础设施投资银行"（简称"亚投行"）以及"丝路基金"等跨国融资机制，加速兴建贯穿欧亚大陆与通往印度洋沿岸的高速公路网、高速铁路网，配合多边自由贸易协议、投资便利化协议等举措，推动沿线国家的经济一体化。"一带一路"倡议必然推动世界经济重心回归到千年的历史常态。

在"一带一路"倡议背景下，中国周边的经济地理和政治环境即将出现翻天覆地的变化。

2015年4月，习近平主席访问巴基斯坦，全面启动"中巴经济走廊"的建设。这一宏大计划将以15年时间打造一条从新疆到巴基斯坦瓜达尔港的走廊，包括贯穿巴基斯坦的公路、铁路、电力系统、天然气管道。这不仅会让巴基斯坦的经济和社会结构发生脱胎换骨的变化，对伊斯兰世界产生重大的政治影响，还将使中国在历史上首次形成直通印度洋的快速干道，引发环印度洋国家政治经济版图的巨变。

2014 年成立的亚洲基础设施投资银行，在现代经济核心的金融领域撼动了美国长期以来的一家独大的局面。亚洲基础设施投资银行致力于促进亚洲地区基础设施建设和互联互通，与"一带一路"倡议高度契合。如果说"一带一路"是目标，那么亚洲基础设施投资银行就是手段。但亚洲基础设施投资银行的未来绝不止于"一带一路"倡议，其目标更为广阔。

2015 年 3 月 11 日，英国在没有知会美国的情况下，突然宣布决定参与亚洲基础设施投资银行。这一决定举世哗然，更让美国颜面尽失。紧接着，美国在欧洲的另外三个最亲密的盟友——德国、法国与意大利，也不顾其强烈反对，同时宣布正式申请成为亚洲基础设施投资银行的创始成员。一时间，美国在西欧与亚太最重要的盟友，除了日本外全面倒戈。

美国前财政部部长桑默斯在 2015 年 4 月 5 日《金融时报》的评论中感叹："日后世人将会回忆起，此时正是美国失去全球金融领导者地位的历史关键时刻。"

1944 年，美国与英国联手召开的"布雷顿森林会议"，确立了战后国际金融秩序，形成美国占据世界经济领导地位的核心保障。由美国主导的世界银行与亚洲开发银行，长期以来受到美国政府以及各种政治团体的意识形态的牵制，对于发展中国家的信贷政策不是回应真实的需求，而更多是通过放款强推西方主流的价值标准，这早已让许多亚洲发展中国家饱受削足适履之苦。

作为战后国际金融秩序形成后第一个由中国主导的全球性多边金融机构，亚投行的设立产生振臂一呼、应者云集的效应。随着中国经济规模逐渐与美国匹敌，加上新兴市场国家的蓬勃发展，如果过去美国主导的全球经济架构拒绝进行必要的结构调整，亚投行的设立必将成为美国失去世界经济领导地位的转折点。

在过去的 300 年人类历史中，能够说影响了世界格局的历史事件，无非就是导致资本主义兴起的 18 世纪英国工业革命、摧毁欧洲旧秩序的 1789 年法国大革命、催生出社会主义阵营的俄国十月革命以及 20 世纪初开始的美国崛起。前两个事件可以说奠定了 19 世纪的世界秩序，而后两者则塑造了 20 世纪的世界格局。

到了 21 世纪，中国的复兴是撼动当前世界格局最重大的引导性力量，而中国道路的出现也深刻影响了人们对未来发展模式的思考。如果说中国的复兴正作为历史的分水岭开启 21 世纪新的世界格局，那么"一带一路"正是这新世界来临的第一道曙光。

（二）让西方强国听听养生学

"一带一路"倡议提出后，绝大多数国家表现出积极支持和参与的态度，然而忧虑和担心也渐渐露出水面，一些或明或暗的批评议论，比如"新马歇尔计划""重回朝贡体系"等说法也不胫而走。

那么"一带一路"是"中国版的马歇尔计划"吗？首先来回顾一下，什么是"马歇尔计划"。

二战后期，在经济领域，美国关于战后经济政策的主导思路是扩大出口促进就业，美国国内市场远远无法满足要求，出口是解决产能过剩的唯一办法。西欧是当时全世界仅次于美国的发达地区和市场，在二战中受损严重，亟待重建。帮助西欧加快经济重建，就成为美国扩大出口战略的最优选择。

另外，战后美国军事实力在世界居于无可争议的领先地位。首先，美国军人数量最高峰时曾经达到 1200 万人，世界上许多战略要地都有美军驻扎；其次，美国垄断了核武器，具备独一无二的战略武器优势。美国及其盟友相信"美国主导世界的时代已经来临"，美国政府也认为这是美国在全球扩大影响的机遇，美国主导战后欧洲与世界，"美国全球文化"的时代即将开始。

1947 年，时任国务卿的马歇尔提出"欧洲复兴计划"，"马歇尔计划"就在这样的背景下应运而生。

"1948 年 4 月，美国总统杜鲁门签署了国会通过的援助欧洲复兴的法案，设立经济合作署，与欧洲经济合作组织联合具体实施马歇尔计划。截至 1951 年底，美国通过捐赠、贷款、有条件补贴等形式提供了价值 124 亿美元的援助，大约相当于 1948 年至 1951 年美国国民生产总值的 1.2%，其中以捐赠为主，接近总援助额的 90%，对欧洲经济的恢复起到了立竿见影的效果。直接的经济援助和物资援助并不是马歇尔计划的全部内容，美国与各受援国陆续签订了关于美援的双边协定，譬如由美国监督受援国的重工业，受援国放弃工业国有化以保障美国投资的安全，实施有利于美国的外汇和外贸政策，'美援'物资的 50% 必须由美国船只运输等。"

"这些有条件的援助促进了美国的资本输出和商品输出，为美国过剩的生产能力找到了出路，也使美国经济在战后初期有了较大的增长。西欧各受援国一度成为美国过剩产品的倾销地，美国赢得了逐步消化过剩产能、调整经济结构的宝贵时机，避免了本国因为畸形的战时经济结构在战后可能遇到的萧条，为二战后美国经济的再次腾飞甩掉了负担，扫清了障碍。"①

---

① 孟祺：《马歇尔计划与"一带一路"战略的比较与借鉴》，《阅江学刊》2015 年第 4 期。

"马歇尔计划"快速带动了西欧经济的复苏，带来美国和欧洲的双赢，普遍被给予很高的评价。但是"马歇尔计划"并非单纯的经济计划，而是涉及军事援助、文化渗透、政治势力范围争夺等多方面的行动计划，是美国夺取世界主导权、称霸世界的计划。

中国的发展需要和平繁荣的周边环境，希望良性互动，而"马歇尔计划"的提出和实施，包含着美国遏制苏联的政治意图，所以苏联不可能对其熟视无睹，迫于自身安全和利益考虑，苏联采取了一系列措施加强对东欧的控制，与美国形成对抗，直至形成冷战结局。

"一带一路"沿线跨越东西方文明、伊斯兰文明等不同文明类型的65个国家，合作中没有政治前提和附加条件，不设"人权"前置议题，而"马歇尔计划"，要求选边站队和集团结盟，合作的重点是欧战前发达的资本主义国家，排斥的是东欧和苏联这些社会主义国家，从而加速了东欧、西欧的分裂。

这些方面都体现出"一带一路"倡议和"马歇尔计划"的根本性差异。

其实，新马歇尔计划也好，新朝贡体系也好，这些说法无非"中国威胁论"的翻版和变形。

习近平主席在2017年5月14日北京举行的"一带一路"

国际合作高峰论坛开幕式上发表演讲，时间刚好在进入夏季的头一个月，就是传统所说的孟夏。习近平主席以"孟夏之日，万物并秀"作为演讲的开篇。这句话出自明代高濂的养生学专著《遵生八笺》。原文是"孟夏之日，天地始交，万物并秀，宜夜卧早起，以受清明之气"。习近平主席的演讲特意摘选出其中两句，恐怕不全是称赞眼前的京华美景，而是也点出了"一带一路"是让参与各方都能竞相发展的精神和心胸。

那么在浩如烟海的中国古典诗文中，偏偏要在不属于诗文正宗的养生学里引这么两句，会不会也是在隐隐地提醒那些视"一带一路"为威胁的西方舆论切记动怒伤神的道理呢？

在接下来的演讲中，习近平主席说："2013年秋天，我在哈萨克斯坦和印度尼西亚提出共建丝绸之路经济带和21世纪海上丝绸之路，即'一带一路'倡议，'桃李不言，下自成蹊'。4年来，全球100多个国家和国际组织积极支持和参与'一带一路'建设，联合国大会、联合国安理会等重要决议也纳入'一带一路'建设内容。'一带一路'建设逐渐从理念转化为行动，从愿景转变为现实，建设成果丰硕。"[①]

其中"桃李不言，下自成蹊"两句，讲的是桃李自有香花

---

① 《习近平谈治国理政》第2卷，外文出版社2017年版，第509页。

美果，虽然不会去自吹自擂，强拉硬拽，但仍然会吸引人们到树下赏花尝果。"一带一路"也是这样，依靠务实合作，为沿线国家带来发展机遇，让"一带一路"建设造福沿线各国人民，吸引了众多国家的积极参与。用习近平总书记的话说，"使用的不是战马和长矛，而是驼队和善意；依靠的不是坚船和利炮，而是宝船和友谊"。在与世界的交往中，中华文明以德服人，反对以霸欺人的传统精神在习近平的演讲中显露无遗。

如果"一带一路"是一种"威胁"，它"威胁"到的不正是那些威胁别国的国家吗？以中华文明今日的强大，可以不接受威胁，但却阻止不了威胁者的恼怒，或许就是因为这个原因，才让他们听听养生学吧。

（三）一辆满载物美价廉小商品的列车让270万英国人围观

2017年1月1日，一趟中欧班列（义乌—伦敦）从义乌西站始发，一共34节车厢，满载着68个标准集装箱的小商品。由阿拉山口出境，途经哈萨克斯坦、俄罗斯、白俄罗斯、波兰、德国、法国，从地下穿过英吉利海峡隧道，全程12451千米，历时18天到达伦敦。

文化自信 铸就大国复兴之魂

　　BBC 全程直播了从义乌发来的列车驶入伦敦巴尔金车站的全程，英国观看直播的人数总计高达 270 万人，远远高于当日奥巴马讲话视频的收视人数，而英国的总人口数不过才 6500 万人。

　　"一带一路"建设过程中的许多成就，也许并未在中国国内引起太大的反响，但却常常使西方人大受触动。

　　英国的 BBC 在报道中赞赏了中国"一带一路"倡议，感叹："中国用现代科技重新打通了古代亚欧大陆的丝绸之路，非常了不起！"英国《独立报》也盛赞这列火车的超凡性能，这趟车一路上要换三次车厢，以适应不同国家的铁轨宽度。《独立报》还注意到中国设计的"东风号"列车，推测这个名字是来源于毛泽东的诗句"东风压倒西风"。《太阳报》大标题写着"上百万只义乌制造的袜子从中国发货到伦敦啦"。这列货车运载的货物价值高达 400 万英镑，《太阳报》在报道中赞叹中国商品的物美价廉："义乌制造了全世界 60% 的圣诞节日礼品，如果这趟列车半个月之前开到伦敦，那围观的英国群众都可以现场购物从货车上搬一棵圣诞树回家了呢。"①

　　为什么一趟来自义乌的列车会触动西方人的神经？引发那么多英国人的兴趣？虽然英国的媒体对这趟列车倍加关注，但

---

①　《这辆中国列车从义乌一路开到伦敦，让发明火车的英国人都看呆了！》，《每日经济新闻》2017 年 1 月 20 日。

却没有点出西方人为什么会特别在意。

显然，不是因为中国的火车技术多么先进，因为从技术上说，英国大概一样有火车可以穿行1万多千米，中间换三次车厢，以适应不同的铁轨宽度。当然，更不是因为物美价廉的小商品特别吸引人，即使它们来自遥远的东方。因为中国在改革开放初期就作为"世界工厂"而存在，并一直以"Made in China"而著名，甚至在今日，仍因"山寨"问题而饱受诟病。

英国出现的一些社会舆论，似乎透露出些许消息。

"人家17天就从中国开到英国，我住大伦敦郊区，要花17个小时才能到伦敦火车站。""人家中国人可以把全长12000千米的铁路运营得井井有条，英国政府和这些私人铁路公司连几百里的距离都应付不来！"这些吐槽的确也合情合理，据说原因是这样的："英国铁路原本为国营事业，撒切尔夫人执政期间（20世纪80年代）将其实现私有化，现在英国的铁路运输和铁轨网络被分拆成很多家私营公司运营。铁路私有化之后，英国火车票价之高一直为人诟病，各区域的铁路公司相互之间掣肘很多，不能进行全国统一的调度指挥，服务效率也遭到英国网友差评。"[①]

----

① 《这辆中国列车从义乌一路开到伦敦，让发明火车的英国人都看呆了！》，《每日经济新闻》2017年1月20日。

真正震动西方人的，是他们意识到，中国的成就凸显出，西方社会之所以做不到、做不好这些事，有其深层次的社会、政治的原因。

在西方国家推动经济全球化的过程当中，国际垄断资本已经获得最大的跨国行动的自由，并在设定社会生活的基本规则上取得绝对优势。

对于经济安全、劳动条件、个人隐私、财富分配等所有重要的方面可以产生巨大影响力的决策者，往往不是选票产生的政府，而是一些几乎完全不受民主机制监督的跨国权力行使主体，如跨国商业银行、避险基金、跨国能源企业、大型媒体集团、制药与医疗集团等。这些集团排斥任何限制其行动自由与降低资本回报的全球监管机制。绝大多数的西方媒体、智库都是在反映和传播它们的政策立场，而国家内部的民主体制根本奈何不了它们。

在全球资本主义的宰制下，民选政府无法有效回应公民的政策需求。同时，随着大众媒体与网络媒体发达的时代来临，有些政治人物凭借民粹诉求和媒体影响就可以获取选票，这就导致他们的决策更倾向于短期操作，为了眼前的政治利益选择向未来透支，将决策恶果隐藏或不断延后，竞相乱开选举支票，导致经济结构的迅速恶化。

2008 年的金融危机中，欧洲陷入二战以来从未有过的经济困境，社会中不同世代、不同阶层的利益冲突，不断撕裂社会的内部共识。随着欧洲国家经济陷入长期停滞，欧洲社会面对的是一个看不到希望的未来。

这也意味着，西方社会的经济模式乃至其引以为傲的代议民主，逐渐成为人们反思的对象。非西方国家的很多社会精英曾经以模仿西方为荣，然而今天已经没有可以全盘模仿的普世模式了。西方的知识分子迟早也要跳出西方中心的世界观，心平气和地去理解和欣赏非西方文明所创造的历史经验，并以开放的胸襟去探索超越现状的制度创新和体制变革。

（四）"互鉴"——《现代汉语词典》里找不到的词

"一带一路"沿线的国家几乎汇聚了世界所有的文明类型，尤其是影响深远的文明类型无一遗漏。

著名学者季羡林曾经这样评价历史上丝绸之路的心脏地区："世界上历史悠久、地域广阔、自成体系、影响深远的文化体系只有四个：中国、印度、希腊、伊斯兰，再没有第五个；而这四个文化体系汇流的地方只有一个，就是中国的敦煌和新疆地区，再没有第二个。"①

面对如此多样的文明，如此多元的文化，应该采取一种什么样的姿态去面对呢？习近平总书记给出了中国答案。

2017年"一带一路"国际合作高峰论坛开幕式上，习近平主席阐述了历史积淀的"丝路精神"——"古丝绸之路绵亘万里，延续千年，积淀了以和平合作、开放包容、互学互鉴、互利共赢为核心的丝路精神。这是人类文明的宝贵遗产"。②

我们知道"丝绸之路"这个说法，是德国人李希霍芬首先提出来的，中国古代文献里从没有过"丝绸之路"这样的说法和概念。这就提醒我们不应把习近平总书记所讲的"丝路精神"，误解为好像历史上早就已经有了，我们只是现成地继承而已。事实是，这种精神在中国古代文明中并不凸显，反而是难以察觉的。只是随着历史的慢慢地积累、结晶，最终积淀出这样的精神，所以这种历史积淀的精神既是继承，也是创新。从文明的发展历史去看，今天的中国能够以这种丝路精神面对世界文明并不容易。

中国古代文献在提及"丝绸之路"相关地区的时候，多以

---

① 季美林：《敦煌学、吐鲁番学在中国文化史上的地位和作用》，《红旗》1986年第3期。
② 《伟大的事业需要伟大的实践——国际社会热议习近平主席在"一带一路"国际合作高峰论坛上的重要讲话》，《人民日报》2017年5月16日。

"西域"相称，或者以具体的山川、城镇或行军路线标注，从未形成"丝绸之路"这样的概念，也从来没有出现过"丝绸之路"这一词语。

19世纪70年代，德国历史地理学家李希霍芬最早提出，把古代从东方通向遥远西方的以丝绸为主的商路称为"丝绸之路"。此后，对于作为东西文明交流通道的"丝绸之路"，学者研究越来越兴盛，人们的兴趣越来越浓厚，以至于"丝绸之路"家喻户晓，但也同时产生一种错觉，以为在中国古代文明中，"丝绸之路"也特别具有文化的意义。"丝绸之路"一变而成为具有浓浓中国传统色彩的词语。假如这条道路对于中国古代文明真的特别重要，为什么在历代史书中没有明确为这条贸易通道命名呢？

所以，我们看到一个文明史上有趣的现象：中国古代文明是不谈"丝绸之路"的，近代的西方文明首先提出了"丝绸之路"一词，而当代的中国正对世界讲述"丝绸之路"。

中国古代文明不那么重视丝绸之路的原因，学术的探讨很多，流行的说法是认为原因在于中国古代的"天下"观念，或者史学家费正清所谓的"中国中心主义"。[1]

---

① 〔美〕费正清编，杜继东译：《中国的世界秩序：传统中国的对外关系》，中国社会科学出版社2010年版，第1页。

　　在这种观念下，历代中国政府认为中国居中，四方为蛮夷，中国与西方的贸易根本不是平等的关系。费正清将以中国为中心的对外关系分为三个大圈：第一个是汉字圈，由几个最邻近的文化相同的属国组成，如朝鲜和越南；第二个是内亚圈，由亚洲内陆游牧或半游牧民族等属国和从属部落构成；第三个是外圈，由关山阻绝和远隔重洋的外夷组成，最典型的就是欧洲。所有这些中国以外的国家和民族，原则上都应该向"中央之国"的天子朝贡，这就是中国古代特有的朝贡体系。

　　由此可见，中国古代文明里不那么十分强调"丝绸之路"，实在只是因为这个文明看别人常常都是俯视的。

　　那么带来"丝绸之路"一词的西方人李希霍芬又是何许人？

　　李希霍芬于1868年至1872年对中国进行了7次地理考察，足迹遍布当时18个行省中的13个。回到德国后，他根据考察成果写出在西方产生巨大反响的《中国——亲身旅行和据此所作研究的成果》一书，是最早的系统分析介绍中国的山脉、气候、人口、经济、交通、矿产的论著。他不仅在这部书中提出"丝绸之路"的概念，还第一个指出罗布泊的位置，率先提出"五台系"和"震旦系"等与中国地层紧密相关的术语，在今天的德语中，祁连山脉仍然被命名为"李希霍芬山脉"。

　　李希霍芬在中国的科学考察，与那个时代来到中国的许多西方学者一样，目的并不单纯。在考察中，他写了大量日记、书信，在他去世后，被整理编辑成《李希霍芬中国旅行日记》一书。他以西方人的视角，记录了晚清时期颓废、迷茫的中国，也呈现了当时西方学者的优越感，甚至殖民思想。

李希霍芬在书中说，中国人的一些品性，如对父母的敬爱、对孩子的关心和教育以及谦虚的品质甚至可以作为某些欧洲人的楷模。但"尽管中国人有这样那样的优良品质，在他们的经书里也有一些高尚的道德理论，但是我对中国人还是不太看得起。我认为他们比其他民族的人要低等一些"。

李希霍芬还进一步说，"这种落后对我们来说或许不是坏事。假使中国人的教育水平和精神力量一下子达到与他们的智力相匹配的高度，那么黄种人必定会向世界其他地方进军。还好现在他们只有为我们产茶叶和丝线的能力"。

李希霍芬秘密写信给普鲁士首相俾斯麦，建议德国有必要发展海军保护在中国的利益和支持已订的条约。他建议夺取胶州湾及其周边铁路修筑权，使华北的棉花、铁、煤等更为方便地为德国所用。当1870年发生天津民众因为反对天主教会在法国武力庇护下肆行宣教而攻击天主教教会机构的"天津教案"的时候，他密切关注着时局进展，期待西方国家对中国政府施加更大的压力，甚至在给他父母的信中坦言，如果最后不得不以武力解决问题，他之前在中国的考察就可以派上用场了。①

鲁迅先生很早就注意到李希霍芬的科考以及"李希霍芬之化身"们的行径，在其1903年发表的《中国地质略论》一文中大声疾呼："中国者，中国人之中国。可容外族之研究，不容外族之探捡；可容外族之赞叹，不容外族之觊觎者也。"然而积弱的晚清又如何可能去关注这种事情？

这样说来，当西方人告诉我们"丝绸之路"一词的时候，正是一个古老文明即将步入谷底的征兆，近一个世纪，中华文明在仰视西方文明，从西方文明的角度审视自己文明的缺憾，甚至于论断自己的文明已经病入膏肓。

幸运的是，历史并不是轮回，而是螺旋上升的。在当代中国的丝路精神中，我们看到的是面对文化差异和多样性的不卑不亢、自信从容。

最能体现这种自信从容的关键词，莫过于习近平总书记多次阐述和强调的"互鉴"。相比于"开放""包容"这些耳熟能详的语言，实际上，翻遍《现代汉语词典》也找不到这个词语，它的新鲜陌生，或许正意味着从新的角度去看的时候，我

---

① 〔德〕李希霍芬著，〔德〕E.蒂森选编，李岩、王彦会译：《李希霍芬中国旅行日记》，商务印书馆2016年版第108、109、111页。

们所获得的崭新视野。

在 2014 年联合国教科文组织总部的演讲中，习近平主席系统阐述了推动文明交流互鉴需要秉持的态度和原则：

"第一，文明是多彩的，人类文明因多样才有交流互鉴的价值。阳光有七种颜色，世界也是多彩的。一个国家和民族的文明是一个国家和民族的集体记忆。人类在漫长的历史长河中，创造和发展了多姿多彩的文明。从茹毛饮血到田园农耕，从工业革命到信息社会，构成了波澜壮阔的文明图谱，书写了激荡人心的文明华章。

第二，文明是平等的，人类文明因平等才有交流互鉴的前提。各种人类文明在价值上是平等的，都各有千秋，也各有不足。世界上不存在十全十美的文明，也不存在一无是处的文明，文明没有高低、优劣之分。

第三，文明是包容的，人类文明因包容才有交流互鉴的动力。海纳百川，有容乃大。人类创造的各种文明都是劳动和智慧的结晶。每一种文明都是独特的。在文明问题上，生搬硬套、削足适履不仅是不可能的，而且是十分有害的。一切文明成果都值得尊重，一切文明成果都要珍惜。"①

---

① 习近平：《习近平在联合国教科文组织总部的演讲（全文）》，新华网，www.xinhuanet.com/politics/2014-03/28/c_119982831.htm.

承认文明的多彩，以平等的态度交流，以包容的胸怀互鉴，这就是当代中国面向世界文化的自信从容。

三、人类命运共同体的天下情怀

虽然科技的发展将人类文明带入高度繁荣的阶段，人类也有两次世界大战的教训，但是人道的灾难、国与国的厮杀却从未停止。全球秩序和全球治理上的困境，表明西方的指导思维存在着固有的缺失和短板。

中国拥有传统的政治强国、超大规模经济体、最大的发展中国家、最大的社会主义国家、新兴国家领头羊、第三世界代言人等身份，这些身份都决定了中国在世界秩序的变动中起决定性作用。而人类命运共同体这一中国方案的提出，更意味着中国从"顺势而为"向"主动作为"的转变，中国已经成为世界秩序的塑造性力量。

中国在国际秩序构建上的积极作为，本质上是以中国传统文化所支撑的共同体理念，突破西方文明一家独大的思维局限，而非以国力对抗所完成的国际秩序主导权之争。中华文化的生命力和影响力，在与西方文明对话中可能达到的超越性的共识，将会决定 21 世纪人类社会的基本框架。

（一）世界怎么了，我们怎么办？

2018 年 5 月 14 日，加拿大驻穗领事馆和挪威驻穗领事馆在广州举办了"从气候变化到绿色发展研讨会"。如何应对全球气候变化，寻找解决方案，成了与会者讨论的热点。同时因为落地广州，讨论的主题之一，便是由于温室效应、海平面上升等一系列全球生态的改变对广州可能造成的影响。

科学研究表明，在很长一段时间内，广州因洪水产生的年平均损失占当地 GDP 比例为全球沿海城市中最高，超过了当地 GDP 的 1%。世界银行 2013 年的一份报告显示，到 2050 年，在世界主要沿海城市中，广州将因社会经济环境变化、海平面上升等因素受到最大的经济损失，其中年平均损失达到 132 亿美元，占当地 GDP 总量的 1.46%。相关领域科学家建议，广州应当加大对洪水防御措施的投资，以减少城市可能面临的潜在威胁。

北极冰川融化等生态问题是不可逆的，尽管北极与广州看似距离遥远，但是气候变化是全球性的，没有一个国家或城市可以幸免。广州所遭遇的问题，正是一系列全球性问题的冰山一角。

2017年1月18日，习近平主席在日内瓦万国宫出席"共商共筑人类命运共同体"高级别会议，发表题为《共同构建人类命运共同体》的主旨演讲。演讲一开始，习近平主席就提出他一直在思考，也是世界都在思考的紧迫问题："世界怎么了，我们怎么办？"

习近平主席这样描述人类所面临的挑战和危险："世界经济增长乏力，金融危机阴云不散，发展鸿沟日益突出，兵戎相见时有发生，冷战思维和强权政治阴魂不散，恐怖主义、难民危机、重大传染性疾病、气候变化等非传统安全威胁持续蔓延。"①

习近平总书记所指出的挑战和危险，就是全球化时代人类共同面临的、不可能由一方单独解决的全球性问题。事实上，当前人类社会的可持续发展，甚至生存延续都面临着诸多风险。

全球的经济结构正面临越来越严重的失衡。例如，西方国家在产业竞争力流失的情况下，需要靠不断扩大举债来维

---

① 《习近平谈治国理政》第2卷，外文出版社2017年版，第538页。

持当前生活水平。2014 年全球总债务已经累积到 211 万亿美元，相当于全球 GDP 的 287%，其中 3/4 是发达国家积欠的。发达国家投机性金融交易不断膨胀，国家金融体系累积的系统性风险不断增高，全球性金融危机对实体经济的摧毁力量越来越大。

政治秩序的平稳也遭遇不断的冲击。全球最富有的 85 位富豪所拥有的财富与最贫穷的 35 亿人口的财富总额相当，严重的不平等威胁着任何政治共识的达成。当今世界的民族分离主义势力，越来越倾向于扩大原有事态，谋求国际支持和干预，促使其要求国际化。

基督教世界与伊斯兰教世界的冲突不断上升，国际恐怖主义正向全球化、长期化、高技术化方向发展。非洲继中东之后成为恐怖主义活动的高发区，一些新兴市场国家也成为国际恐怖主义的目标。恐怖组织把互联网作为开展恐怖活动的关键工具，网络恐怖主义成为全球面临的新威胁。极端伊斯兰势力对欧美的袭击，引发西方强烈的反击，报复与反报复轮番上演。

地区性冲突和自然灾害，导致难民人数急剧增加。根据联合国难民署 2015 年 6 月所发布的《2014 年流离失所问题全球趋势》的报告，截至 2014 年底，世界范围内流离失所的人数达 5950 万，其中大约有 1950 万人为难民。如果将这些人聚集为一个国家，那么这个国家将是世界人口排名第 24 的大国。

全球公共卫生方面，除了艾滋病等继续蔓延外，禽流感、埃博拉疫情、中东呼吸综合征等恶性传染疾病频发，既引发世界性恐慌，也严重影响经济和社会稳定。

全球生态与环境的危机持续恶化。世界自然保护基金会 2002 年发表报告《活着的地球》指出，目前人类对自然资源的利用远远超出其更新能力，如果各国政府再不进行干预，人类不可能维持当前的生活状态。报告揭示，由于人类的过度消耗，过去的 30 年间，地球上的生物种类减少了 30%，其中淡水生物减少了 54%，海洋生物种类减少了 35%，树木种类减少了 15%。而全球农作物品种日趋单一，基因改造食品缺乏有效监管，给人类社会稳定的粮食供给和食品安全留下不可预测的隐患。

网络安全对社会秩序、国家安全与人权保障的影响不断上升，而各国政府对于网络世界的全球性规范与管辖主体的问题争论不休，莫衷一是。

智慧产权规则被严重扭曲。专利制度已经沦为巨型跨国企业攫取垄断暴利以及锁定市场垄断地位的工具，它们通过广泛收购专利来封锁创新、排除潜在的竞争者，滥用侵权诉讼打击新进企业，设置产业进入障碍。尤其在医药领域，跨国垄断药企为了维持专利药品的动机，将资本逐利的动机完全凌驾于人的生命价值之上。

全球性问题的解决需要全球性的方案，需要世界各国的协作，形成国际社会的合力。以美国为首的西方国家，作为长期以来国际社会的主导性力量，其指导性思维并不能构建起稳定的国际秩序。美国挑起的损人不利己的贸易战，给缓解全球金融危机与构建平等合作的国家关系带来了新的危险，这是全球性问题之所以难解甚至无解的根本原因。

（二）回溯"修昔底德陷阱"的思想源头

数年前，哈佛大学格雷厄姆·艾利森教授出版了一本名噪一时的书《注定一战：中美能避免修昔底德陷阱吗？》，提出了"修昔底德陷阱"这个概念。古希腊的修昔底德写作了《伯罗奔尼撒战争史》一书，这本书叙述的是 2500 年前古希腊两大城邦——雅典和斯巴达之间的战争的起因和过程。当冉冉升起的新大国可能取代处于领导地位的大国时，最终将会以一场战争分出胜负。修昔底德在书中提道："使战争不可避免的真正原因是雅典势力的增长和因而引起斯巴达的恐惧。"[1] 当然

---

① 〔古希腊〕修昔底德著，谢德风译：《伯罗奔尼撒战争史》，商务印书馆 1985 年版，第 19 页。

格雷厄姆·艾利森认为修昔底德使用"无可避免"一词实际上太过夸张了，所以新兴大国与守成大国之间的决战是否必然发生还在未定之天，所以就有了所谓"修昔底德陷阱"。

与其说"修昔底德陷阱"是巨大的风险，不如说它背后所隐藏的思维才是致命的风险。

修昔底德是对西方政治思想产生决定性影响的思想家。在很多美国高校和部队院校，修昔底德的《伯罗奔尼撒战争史》一向是入学的必读书目。遏制战略的重要推崇者美国前国务卿马歇尔曾经说："我很怀疑倘若一个人在他的脑海里尚未回顾过伯罗奔尼撒战争的历史和雅典的失败，他在考虑今天某些基本的国际事务时能否具备充分的智慧和坚定的信念。"①

《伯罗奔尼撒战争史》不只是对雅典和斯巴达的战争进程进行了历史记录，还对战争的起因进行了拨开各种假象的思考，最终将其归结为永恒的人性。所以修昔底德认为这样的灾难将总会发生："因为人性总是人性。"②

修昔底德透过书中人物之口清晰地阐明了强权政治的思维原则，就是无论谁主导政治秩序，弱者总是为强者所统治，有

---

① 白春晓：《后冷战时代我们为何阅读修昔底德》，《复旦学报（社会科学版）》2010 年第 6 期。
② 〔古希腊〕修昔底德著，谢德风译：《伯罗奔尼撒战争史》，商务印书馆1985 年版，第 18 页。

力量的一方主导，弱者只能屈从。强者为了保护自身的主导地位不受威胁的行为是自然公正的，实质的平等不可能存在，强者对于弱者的统治只不过有程度和方式的差异，诉诸公平正义的说辞不过都是掩饰。

西方这种对人性、对政治生活的理解方式具有深远的影响并有可能带来灾难性的后果。尤其是随着西方文化的广泛影响，不仅西方在很大程度上奉行这种思维原则，很多非西方国家，包括中国的一些狭隘民族主义思想者，对中国未来主导世界秩序的鼓吹，恰恰也是因为接受了这一思维原则。

正是由于这种思维原则，可以想象，无论中国如何说和平崛起，到了美国人那里总会将信将疑，反之也一样，听到美国说欢迎稳定、繁荣的中国和平崛起，也难免让人觉得言不由衷。

在这种思维原则下，西方宣称自己的历史经验与价值体系的普世性，毫不顾忌所谓普世价值只不过是西方文明在其现代历史阶段生成的一种特殊的文明形态，强行要求其他文明必须向西方现代文明看齐。区分我族和异类，歧视与排斥异类文明，人为制造正义与邪恶的对立，教训与改造他人，这是导致文明与宗教冲突的根源。

在这种思维原则下，西方主张国家利益极大化，主张武力是贯彻国家意志与解决争议的最终手段。美国构建的世界体系追求自身的绝对安全与压倒性的军备优势，处处防范潜在的威胁者，压制与围堵潜在的挑战者，甚至主动制造敌人并以先发制人的手段将其消灭在萌芽状态。这种思维导致所有主要的国家都面临自身安全的困境，陷入军备竞赛的恶性循环中无法自拔。

中国参与塑造世界秩序的努力，只能是直面何谓公正合理的世界秩序的问题，在中华历史文化的基础上为重建世界秩序提供中国观点和中国方案，赢得世界人心。只有这样，才能跳脱西方文化的思维窠臼，为人类文明发展赢得一个光明的未来。

2015年9月22日，习近平主席在西雅图发表演讲时指出，中美要正确判断彼此战略意图，积极构建新型大国关系。演讲尾声，习近平主席引用了美国前国务卿基辛格新作《世界秩序》一书中的话说："评判每一代人时，要看他们是否正视了人类社会最宏大和最重要的问题。"[①]

作为著名的国际战略大师以及国际政治学者，基辛格在《世界秩序》一书中曾经敏锐地指出，中国外交将越来越倾向使用中国传统的思维方式，而当今世界国际冲突的本质实际上是基

---

① 《习近平在华盛顿州当地政府和美国友好团体联合欢迎宴会上的演讲》，新华网，http://www.xinhuanet.com/world/2015-09/23/c_1116656143.htm.

于不同历史文化的世界秩序观之争。

在这个意义上,中国走向世界,参与塑造世界秩序的进程,必然也就是中华文化影响世界文明发展的进程。中华文化能展现出怎样的生机活力,以及它能够为人类社会所面对的时代问题提供怎样的中国智慧,将在根本上决定中国的世界影响力。

(三)中国方案的文化之根

"命运共同体"最早出现于2011年9月国务院发布的《中国的和平发展》白皮书。白皮书提出,要以"命运共同体"的新视角,寻求人类共同利益和共同价值的新内涵。

党的十八大报告正式提出了"倡导人类命运共同体意识"。"人类只有一个地球,各国共处一个世界","要倡导人类命运共同体意识"。2012年习近平就任总书记后首次会见外国人士就表示,国际社会日益成为一个你中有我、我中有你的"命运共同体",面对世界经济的复杂形势和全球性问题,任何国家都不可能独善其身。

中国在一系列国际场合,自近而远,不断递进地推进人类命运共同体的构建。从2013年习近平主席在印度尼西亚倡议"中国—东盟命运共同体",到2014年在中央外事工作会议上提出打造"周边命运共同体",再到 2015 年博鳌亚洲论坛上提出"通过迈向亚洲命运共同体,推动建设人类命运共同体"。在此过程中,命运共同体的内涵不断在核心理念、战略目标和措施等各个层面得到丰富和完善。

2017 年 1 月 18 日,习近平主席在联合国日内瓦总部发表的《共同构建人类命运共同体》的主旨演讲,完整提出了构建人类命运共同体、实现共赢共享的中国方案:一是要"坚持对话协商,建设一个持久和平的世界";二是要"坚持共建共享,建设一个普遍安全的世界";三是要"坚持合作共赢,建设一个共同繁荣的世界";四是要"坚持交流互鉴,建设一个开放包容的世界";五是要"坚持绿色低碳,建设一个清洁美丽的世界"。同时针对国际疑虑,习近平主席表示:"中国人始终认为,世界好,中国才能好;中国好,世界才更好。"明确宣示了"中国维护世界和平的决心不会改变","中国促进共同发展的决心不会改变","中国打造伙伴关系的决心不会改变","中国支持多边主义的决心不会改变"。[①]

构建人类命运共同体是中国为人类文明所贡献的独特智慧,有着中华传统文明的深厚滋养。其中最突出的三个方面是:

①　《习近平谈治国理政》第 2 卷,外文出版社 2017 年版,第 541—547 页。

以和而不同的思路化解文明的差异和冲突；以天人合一的思想拓展人类看待自然的视野；以天下一家的理念凝聚世界人心。

20世纪80年代末90年代初，国际社会发生了巨大变动。东欧剧变、两德统一、苏联解体，原有的两极格局轰然坍塌，世界历史进入后冷战时代，美国成为唯一的超级大国。在此国际背景下，1993年美国的塞缪尔·亨廷顿在《外交事务》杂志上发表了题为《文明的冲突》一文，首次提出轰动世界的"文明冲突"理论。

亨廷顿认为冷战结束之后，国际会有一个新秩序、新格局出现。在这个新秩序中，国家本位、军事力量，甚至经济势力都不会是国际及民族间冲突的主线。他所担忧的是：不同文化、不同信仰、不同价值所形成的族群之间的"文明的冲突"。他预言今后国际的冲突和战争是由文明之间的裂隙所引起的。

亨廷顿特别提到对西方文明构成威胁，甚至可能与西方文明产生对抗和冲突的，是东方以中国为主的儒家文明，以及以中东国家为主的伊斯兰文明。他认为中国在经济上越来越强大，越来越对西方构成了威胁。亚洲的小国家特别是儒教国家越来越倾向于依赖中国。这既是文明的认同，同时也显示了儒家文明的不断壮大。而一旦儒家文明与伊斯兰文明联手，如中国、巴基斯坦、伊朗的结盟，就会带来最可怕的前景。

那么文明的差异是否必然走向冲突呢？中国传统的"和而不同"的思想提供了截然相反的思路。依据这种思想，保持文明间的差异性是形成"和"的必要条件，这种"和"就是不同文明交流互鉴，多样性的文明共同形成一个兼容并蓄的整体。消除差异性，反而会破坏整体的和谐。

中国历史上的儒释道三种不同来源的文化，虽然有过冲突与矛盾，但总体上仍然和睦相处，并且能够形成会通融合的局面，这在人类文化史上是绝无仅有的现象，主要原因就在于"和而不同"是被三家共同接纳的思想原则。

可以说，"和而不同"的思想早已渗透在中国文化的骨髓。它决定了中国与不同文明的相处之道，尤为重要的是以构建新型大国关系化解中美潜在冲突的可能。同时，透过人类命运共同体的构建，它也为世界文明走出文明冲突的阴霾提供了可能的路径。

与文明的冲突相比较，利益的冲突似乎更难以避免。原因很简单，这个世界的资源是稀缺的，不可能满足所有人的需求。

统计数据显示，美国人口总量仅占全世界的5%，却消耗着全世界20%的能源，吃着全世界15%的肉，并排放世界总量40%的垃圾。环球生态足迹网络（Global Footprint Network）发布的报告称，如果全世界每个人的生活方式都像美国人一样奢侈，人类需要五个地球来提供所需资源。即便人类只以目前的速度消耗能源、生产废物，地球生态系统也面临着崩溃的危机。

这样看来，人类对于自然资源的争夺，对于自身经济发展的追求，必然引发国际冲突和全球性生态危机。在这个方面，中国古老的"天人合一"的观念足以为解决或者缓解危机提供思想的启迪。

作为中国哲学最根本的命题之一，"天人合一"有着复杂的思想内涵和各种各样的阐释。但毋庸置疑，它体现了人与自然相和谐的思想，强调人要尊重自然，顺应自然，效法自然。

与中国的"天人合一"思想相对照，近现代西方主流的哲学思想是所谓的"天人二分"。它把人与自然处于一种对立的地位，只有人是本身具有价值的，自然资源只有为人所用的工具价值，人应该通过理解自然，成为自然的主宰。在这种思想的推动下，人类对于水、土地、森林、矿产等自然资源造成掠夺性的开发、滥用和浪费，而科技的发展又常常使得这一过程以空前惊人的速度带来人类环境的恶化。可以说，人与自然的对立正是全球范围内生态危机的主要根源。

而"天人合一"的思想则强调"知天"与"畏天"的统一，"知天"是为了顺应和效法自然，没有"畏天"的"知天"，就会驱使人走向与自然对抗的必然失败的方向。

"天人合一"要求人们将包括人在内的全部自然看成一个相互联系、不可分割的整体，这种整体论、系统论的思路正是现代生态学所采取的基础性观念。

在中国古代的建筑工程上，人们要求"虽由人作，宛自天开"。孟子说，"斧斤以时入山林，材木不可胜用"，主张采伐要在适当的时节进行。这些要求人的行为效法自然、顺应自然的理念，造就了人与自然的和谐共好。当代的生态工程学、仿生学等领域，早已开始借鉴这些基本的思想理念。

党的十八大以来，习近平总书记将生态问题提升到文明兴衰的高度，强调借鉴天人合一的传统思想探索绿色发展之路。他指出，"生态兴则文明兴，生态衰则文明衰"，"决不以牺牲环境为代价去换取一时的经济增长，决不走'先污染后治理'的路子"。[①] 为此，习近平总书记坚定削减高耗能、高污染产能，推动发展低碳经济、循环经济。2016年，中国单位GDP能耗、用水量分别比2012年下降17.9%和25.4%。如今，中国虽然仍旧面临严重的生态问题，但已是世界节能和利用新能源、可再生能源的第一大国。

---

① 《习近平关于社会主义生态文明建设论述摘编》，中央文献出版社2017年版，第6、20页。

从美丽中国到美丽世界，古老的东方智慧历久而弥新。

人类命运共同体所体现的中华文化对世界文明贡献的第三个方面，也是最重要的方面，在于中国的"天下"观念。习近平总书记对于人类命运共同体的阐发，其实也就是向世人宣告了中国所赞同的世界秩序是怎样的。可以看到，这一秩序与中国传统的"天下"观有着内在的思想关联。换言之，中国的世界秩序观正是对中国传统天下观的继承和阐发。

习近平总书记曾在文艺工作座谈会上谈到他们这代人自小就受修身、齐家、治国、平天下这种思想的影响。党的十八大以来，习近平总书记对于党员领导干部严以修身的强调、推动家风建设等作为，都可以清楚看到这种思想的深深印记。

而"天下"这一观念，更是中国文化所独有。近年来，中国社会科学院学者赵汀阳依据中国传统"天下"观念所提出的"天下体系"获得国内外许多知名的政治哲学家的高度重视，从中也可以清楚看到中国"天下"观的显著特征。

首先作为对照，西方思想对于政治的思考的出发点一般是国家与个人。从国家出发来思考，在利益的层面，就不可能形成世界共同的长久利益的概念，而只是追求自身国家利益的最大化，形成所谓单边主义的思维；在文化的层面，就会要求自身文化的普世性，面临文明冲突的问题。而从个人出发，以个体理性去追求排他性的利益最大化，势必产生"他者不合作"的问题，进而导致冲突。这些可以说是西方难以构建稳定合理的世界秩序的文化基因。①

而中国传统的政治思考一开始就是从"天下"或者说世界开始，同时又以家为基层的单位，国家作为中间层次，构成所谓家国天下的思考空间。

中国传统对于"天下"的思考有三个主要的特征，它们也构成了人类命运共同体理念的核心。

第一，"天下为公"，天下是利益普遍共享的共同体，所谓"天下是天下人的天下"。任何成员都不可能达到自私利益的最大化，但可达到共同安全和共享利益的最大化。

第二，"秩序为王"，在天下的体系中，最重要的是成员之间关系的秩序。无论谁破坏了这一秩序，都是天下的公敌。在中国传统当中，这一秩序体现为"仁义"的文化，它远比政权更为重要，所以明末清初的顾炎武才会有"亡国"和"亡天下"的区分。在"人类命运共同体"的理念中，这一秩序就是《日内瓦公约》《联合国宪章》等国际关系演变所积累的公认的原则。

---

① 参见赵汀阳：《天下体系：世界制度哲学导论》，江苏教育出版社2005年版。

第三，"王者无外"，天下不把任何对象排斥在外，不区分盟友异类，任何文明形态都可以纳入"天下"中来。这一特征意味着天下的完整性只能依靠多样性的和谐来维持，也就是"和而不同"的思维原则。

事实上，面对全球化趋势下世界秩序的难题，西方学界也展开过很多关于"世界政府"的思考。而人类命运共同体这一中国方案，以中华传统文化垂诸久远的思想撑起"天下一家"的胸怀，赢得世界的共鸣，以习近平总书记所说的"大道至简，实干为要"的精神，悄然而坚定地改变着世界。

2017年2月10日，联合国社会发展委员会第55届会议协商一致通过"非洲发展新伙伴关系的社会层面"决议，"构建人类命运共同体"理念首次被写入联合国决议。

2017年11月1日，第72届联大负责裁军和国际安全事务第一委员会会议通过了"防止外空军备竞赛进一步切实措施"和"不首先在外空放置武器"两份安全决议，"构建人类命运共同体"理念再次载入这两份联合国决议，这也是这一理念首次纳入联合国安全决议。

在习近平主席的日内瓦演讲的开篇，他首先引用了中国人都熟知的一句话，"一元复始，万象更新"。"一元复始"和"万象更新"分别各有出处，前者出自汉代《春秋·公羊传》，这是解释儒家经典《春秋》的一部书，而后者则出自《红楼梦》，后人将这两句话合成一副春联。习近平主席发表演讲的时间正值新年伊始，用春联开篇固然恰到好处，但也绝非只是为了应景，自然也会起到点题的作用。

一元复始，本来意指新的一年又开始，元是年的意思。不过，在哲学的探讨中，"一元"也指唯一的、最根本的东西或最根本的秩序。用在这里，难免就让人联想到，从现在开始，国际社会的秩序要重新回到一个新的统一体中，万国的气象都会更新。这既是中国的祝愿，也是中国的信心。

四、全球政党大会

2017年11月30日至12月3日，来自120多个国家、200多个政党和政党组织的领导人聚首北京，这是党的十九大后举办的首次主场多边外交活动，是我们党首次与全球各类政党举行高层对话，也是历史上出席人数最多、代表性最为广泛的全球政党领导人对话会。

（一）品茶论大同

就世界政党发展和近代以来的历史来看，以意识形态或利益结盟等画线分界的世界政党会议并不少见。但邀集全球政治主张各异的政党，不以意识形态等进行区隔的平等对话，这还是世界政党历史上的头一遭。

当今世界，主权国家有各种交流平台，比如联合国的体制；资本的、经济的交流也有不少平台，比如达沃斯、ＷＴＯ、各类经济高峰论坛；民间交流、ＮＧＯ平台也很多。但恰恰是现代政治的主流，也就是政党，其之间沟通的平台非常少，缺乏世界性的对话机制。很多多党制国家，不同政党在国内斗争、争吵，但却可以在中国举办的这个活动里进行对话。所以，全球政党大会其实是在国际交流模式上做了一项很重要的开创性工作。

这场对话会为何能够吸引如此多政党领导人，成为史上出席人数最多的高层对话会？这不仅是因为会议议题的全球性，更主要是由于中国共产党的执政经验赢得世界认同。

在西方选举政治落入"民粹主义"困境、政党政治陷入"政党恶斗"的怪圈、西式民主面临"治理无力"的困境时，中国建立起良好国家治理机制，形成"风景这边独好"的政治局面。

全球尤其是西方想知道，为什么中国共产党既能够克服民粹主义，又能摆脱资本的束缚？为什么中国共产党可以为社会的长期福祉制订具有长远目标的规划，实施困难而又必要的改革，还能迅速决策和执行？

比如，中国 2004 年才开始兴建高铁，如今已经是高铁第一大国，超过全球里程的 60%。这期间，航空公司只能靠降价、改善服务来竞争，却不可能阻挠高铁建设。反观美国奥巴马 2008 年竞选总统时就提出要向中国学习建高铁，近十年过去了，美国依然"寸铁未建"！为了避免沿线民众出于一己私利的反对，美国规划中的第一条高铁竟然是从洛杉矶到拉斯维加斯，途中都是荒无人迹的沙漠，尽管如此，也仍然以失败而告终。

中国共产党的贤能政治，使得中国拥有一个高效率、高素质的执政团队和领导人。中国最高领导人无不经历数十年的基层历练，在不同岗位取得成绩、能力得到足够检验之后，才可能有资格领导这个国家。比如，习近平总书记的从政起点就是村支书。他从西部走向东部，从落后省份走向发达地区，从地方走向中央。每一级干部也都是如此选拔。

中国共产党的高度组织性和纪律性，使得中国共产党的领导具有强大的凝聚力和行动能力。反观一些西方国家，政党已经演变成一个松散的"俱乐部"。有些政党早已经不能算是一个政党了，只不过是一台选举机器，既没有政党目标，也没有政党理想，仅仅是单纯的利益集合体。

2017 年法国报刊讨论政治体制改革，就领导人任期提出两条建议。一是改为只有一个任期。这样政治人物就不用总想着选举，可以把精力放到治国上来。二是任期延长为七年，这样可以制订长远规划。这个改革方案虽然没有一个字提到中国，但却充满了中国经验的影子。

这次政党大会中，设置的议题几乎包括了中国现实的方方面面，从巡视制度常态化到"三农"问题，从反腐到共享单车，在各个专题研讨会上，几乎每个互动环节都超时，媒体评论中国共产党上了一堂世界级的公开课。

在国际秩序的层面，当前逆全球化浪潮兴起、充满不确定性的国际局势下，中国共产党领导的中国为世界提供了巨大的稳定性和确定性，无论是构建以合作共赢为核心的新型国际关系，还是推动形成人类命运共同体，都为国际秩序的稳定和全球治理体系朝着更加公正合理方向发展提供了信心。

正如与会的新西兰工党主席奈杰尔·霍沃斯所评论的："当今人类面临许多发展难题和共同挑战，习总书记提供了很好的应对方案，那就是构建人类命运共同体，这为推动世界的发展迈出坚实的一步。"①

这次政党高层对话会有两张以中国传统茶文化为元素的海报。一张名为《共饮一泓水》，一张题作《美美与共　和而不同》。

《共饮一泓水》中，一盏青花瓷茶杯中盛着清茶，茶水清亮，水面映出一幅世界地图，寓指各国人民共饮一泓水，休戚与共，点出大会的人类命运共同体的主题。

第二张海报《美美与共　和而不同》的标题无疑是来自著名社会学家费孝通的16字箴言："各美其美，美人之美，美美与共，天下大同。"②图中中式、西式、阿拉伯式三个茶杯并陈，象征着不同国家民族、不同文化传统、不同意识形态的政党，可以在这里以茶求共识、品茶论大同。

全球政党大会在中国的举办，彰显出中国共产党有充足的开放包容的心胸，有对自己的传统文化和实践道路的充分自信。

---

① 《汇聚构建人类命运共同体的强大力量》，《人民日报》2017年12月4日。
② 1990年12月，日本著名社会学家中根千枝教授和乔健教授在东京召开"东亚社会研究国际研讨会"，为费孝通80华诞贺寿。在就"人的研究在中国——个人的经历"主题进行演讲时，费老总结出了"各美其美，美人之美，美美与共，天下大同"的十六字"箴言"。

（二）不输入外国模式，也不输出中国模式

在政党大会开幕式主旨讲话中，习近平主席的一句话引起各方高度关注。他说："我们不'输入'外国模式，也不'输出'中国模式，不会要求别国'复制'中国的做法。"[①]

目前西方常常有一种舆论氛围，就是认为中国在自己强大了之后，可能会输出自己的模式，迫使其他国家走中国的道路。比如，针对中国对于非洲的经济援助，西方舆论就说中国在非洲搞"新殖民主义""新帝国主义"，事实当然并非如此，这是西方社会在国强必霸的思维下的以己度人。

最鲜明的例子就是苏丹在中国的帮助下实现经济起飞。苏丹是非洲面积最大的国家之一，以前曾是最贫穷的国家之一。20世纪90年代，由于苏丹爆发种族主义暴力冲突，招致西方国家的严厉制裁，来自欧美的经济援助几乎完全停顿。1995年苏丹邀请中国的石油公司协助开采油田并建立自己的石油工业。中国向苏丹派出了大量的工程队，苏丹也向中国派出大量的留学生，苏丹顿时成为中国输出发展经验的重要试点，并且很快就取得举世瞩目的经济成就，从一个几乎没有任何现代工

---

① 《习近平在中国共产党与世界政党高层对话会上的主旨讲话（全文）》，中国政府网，http://www.gov.cn/xinwen/2017-12/01/content_5243852.htm.

业的极度贫穷国家，变成一个经济迅猛发展的发展中国家。

1998 年至 2007 年这十年中，苏丹的平均年增长率超过 8%，远高于非洲的平均值。国民平均所得从 2001 年的 340 美元增加到 2014 年的 1985 美元。最重要的是在中国的协助下，苏丹拥有了从石油勘探、钻井、原油开采、提炼以及石化产品的一整套石油工业体系。石油产品不但可以满足本国所需，还可以部分出口。

而西方石油公司在中东地区开采石油的历史超过百年，但是从未真正协助过这些产油国拥有自己完整的石油工业体系。两相对照，苏丹周边的国家早已看出中国经济援助模式与西方模式有很大不同，都积极推动与中国的经济合作。

参加全球政党大会的吉布提财政部部长达瓦莱，直言很多西方国家的政府和媒体歪曲中国在非洲的成功，经常造谣，喜欢拿政治体制说事，或者说中国是"新殖民主义"，要控制非洲等。也许有些人会暂时相信这些刻意的抹黑，但是当中国充满诚意的投资和基建项目落地、给当地民众带来就业和生活改善时，这些负面言论就不攻自破了。相比中国的实际行动，西方关于政治体制和民主人权的说教肯定就不受欢迎了。

西方舆论指责中国输出中国模式的背后，其实是对中国的另一层面担忧。20 世纪 90 年代，发达国家担心中国的廉价产品占领它们的市场；2008年金融危机之后，开始担心中国经济实力超越主要发达国家，担心中国军事实力的快速提升；近年则是担心中国的思想观念对世界的影响。

中国发展的道路，特别是改革开放后几十年的发展早已引起国际社会的广泛评论。最初是中国问题专家库伯·雷默经过多年的观察和研究，提出了所谓的"北京共识"，他认为中国的发展模式是一种适合中国国情和社会需要、寻求公正与高质增长的发展途径。他把这种发展模式概括为"北京共识"，主要包括三方面：艰苦努力、主动创新和大胆实验；坚决捍卫国家主权和利益；循序渐进、积聚能量。其中，创新和试验是"北京共识"的灵魂，强调解决问题应因事而异、灵活应对，不求统一标准。此后有许多评论包括雷默把"北京共识"视为"中国模式"，进而出现了从不同角度定义和评论"中国模式"的文章和专著。这些作者对"中国模式"的解释并不相同，由此提出的评论也相差甚大，许多相当客观，但其中也有很多"中国威胁论"的论调，提出要警惕"中国模式"的输出。其实，"北京共识"一词不是北京提出的，"中国模式"一词也不是中国提出的。

中国当然有自己的"中国模式"，但是这个模式是不断发展和开放的，也包含了学习外国优秀经验的成分。从源头上来说，它参照过日本、美国、新加坡等一系列国家的经验，并且随着中国的发展情况不断演进创新。但另一方面，习近平总书记谈中国共产党的执政是根植于中华民族的文化基因的，这个基因，就是变中之不变。以自己的传统为主体，在不同的时代，赋予中国模式不同的内容。

中国共产党自身的历史经验清楚说明，在政党发展道路上，如果完全照搬照抄，或者关起门来不学习，注定都是会失败的。只有采取以我为主，同时敞开胸怀来学习的态度，学到的东西才能是自己的东西，也才可能获得实践的成功。这也是"文化自信"为何特别重要的原因，因为只有在文化自信后学习别人，才可能是以自己为主体的学习，才可能与自身的实践有效结合，而不是自己脚跟都没有站稳就去吸收别人的东西，造成"邯郸学步"一般的后果。

中国的治理成绩证明，现代化作为一种文明发展路径，绝不是只能以西方模式为尊，而应该海纳百川，包容多样文明。不同的国家有不同的历史传统和现实处境，不可能都用一个模式解决。中国有自信、有底气向世界展示中国方案和中国智慧，其目的不是"输出"中国模式，而是为世界文明分享一种发展经验。

五、世界哲学大会

起始于 1900 年的世界哲学大会，每五年在全球各大洲的哲学学术中心召开，是全球规模最大、参与学者最多、主题最为开放的哲学学术会议，被称为"哲学界的奥林匹克"。

2018 年 8 月，第二十四届世界哲学大会首度来到中国。全世界的哲学大师聚首北京大学，与中国的思想者一道交流碰撞，分享人类生活的共通的智慧。大会以透露着儒学色彩的命题"学以成人"为主题，而中文，则被指定为大会的官方语言。

回顾 118 年的空白，它与几千年的中国哲学传统相比或许不算什么，但却是中华文化的命运从低谷至高峰所走过的最陡峭的一段。

（一）1900 年的法国巴黎，哲学思想的全球性对话从此开启

1900 年开启了欧洲社会史上的一段黄金时代，前所未有的科学、艺术、工业的繁荣乃至社会风尚的引领，让法国充满了自信。当时的法国工业部长儒尔·罗什称，法兰西民族将改变昔日以希腊的辉煌照亮人类思想的局面，在以后的人类史上，巴黎将是新的雅典。

而经历了 19 世纪工业化、科技化的发展，人们已经充分意识到世界的距离变得更短，国家之间的沟通与了解变得尤为重要。国际化的理念由此而生，法国必须面向世界，世界也需要了解法国。

1900 年的巴黎世界博览会，历史上第二届夏季奥林匹克运动会，一切的盛会都是为了让巴黎人能以"世界之都"的姿态迈向新的世纪。

为了迎接巴黎世界博览会，巴黎拥有了埃菲尔铁塔、巴黎地铁，同时建造了大皇宫和小皇宫。这一年，超过 5000 万游客涌向巴黎，一睹著名的世界博览会的盛景，见证艺术、科技和工业领域的种种创新。1900 年的巴黎在博览会的盛宴后彻底蜕变为最浪漫的艺术之都。

当时的法国作家约瑟夫·德·梅斯特尔曾经这样自豪地评论 1900 年的巴黎："在巴黎允许他们成名之前，都只能享有地方性的声誉……也许，在法国人给出解释之前，任何东西在欧洲都不可能得到恰当的理解。"[1]

就在世界博览会举办的同时，另一场开启 20 世纪科技与文化思想全球化交流的对话也在巴黎静静举行。法国哲学家、

---

① 〔德〕菲利普·布罗姆著，彭小华译：《晕眩年代：1900—1914 年西方的变化与文化》，四川人民出版社 2016 年版，第 62 页。

1927 年诺贝尔文学奖获得者亨利·柏格森，英国哲学家、1949 年诺贝尔文学奖获得者罗素，20 世纪初的数学家领袖人物彭加勒等当时最著名的哲学家和科学思想家发起了第一届世界哲学大会。

在这场盛会上，28 岁的罗素遇见了意大利数学家皮亚诺，才有了他后来称为"智力蜜月"的时期。当时的罗素正在构思写作《数学原理》，试图为现代数学奠基。三年当中，几次努力都止于片段。而皮亚诺是研究数学基础的先驱之一，在思考方向乃至使用的表达符号方面都对罗素产生了巨大影响。从世界哲学大会回到英国，罗素几乎以每天 10 页的速度推进着，当年就完成了这部数学哲学的经典巨著。

思想的对话和碰撞对于思想的创新是非常关键的。然而遗憾的是，1900 年的中国，正值八国联军入侵北京。国家的存亡尚且是个问题，又何谈文化的发展。

（二）中国需要世界，世界需要中国

1983 年 8 月，主题为"哲学与文化"的第十七届世界哲学大会在加拿大蒙特利尔举行。刚刚改革开放不久的中国，由中国社会科学院哲学研究所的汝信、邢贲思、涂纪亮和当时在美国做访问学者的李幼蒸，第一次组团参加大会。

这次与会，中国只是观察员。大会闭幕式上，主席致辞后，专门邀请了汝信发言。他的简短演说表达了中国学者将积极参与到世界性思想对话的热情。

此后，随着中国社会的快速发展和影响力的提升，越来越多的中国学者参与到世界哲学大会的对话交流中。

2013年8月，第二十三届世界哲学大会在希腊雅典召开。这一届有来自世界100多个国家和地区约3000名哲学家与会，其中就包括了近300名来自中国的专家学者。会议议程之一是选择下一届大会的举办国。

申办的竞争者是巴西和中国。中国对于世界的吸引力，大家都心知肚明。所以在申办陈述中，巴西联合了智利和阿根廷，特别强调大会在韩国举办过，也就是说已经到过亚洲，却从来没去过南美。

由北京大学哲学系和北京大学高等人文研究院组成的中国申办代表团，先后由王博教授、刘哲博士和杜维明教授展开陈述。王博的陈述时间为1分钟，他用中文代表北京大学表达了对主办大会的明确支持。刘哲的陈述时间为3分钟，他用法文介绍了北京大学哲学研究机构的发展和现状，表示对申办的强烈诉求。最后15分钟的主题陈述，由杜维明教授用英文阐述。

倡导儒学第三期，长期在世界范围内传播儒家文化的杜维明，一直是儒学复兴和创新的见证者和推动者。他在哈佛推出的一门儒家伦理课，开始在普通教室讲，后来学生太多，改在梯形教室上课。学生又坐不下了，改到哈佛最大的山得斯剧院讲课。满满坐着六七百学生。偌大一个哈佛，杜维明教授的课堂最大，中国文化的课堂最大。在山得斯的第一堂课结束时，全场掌声雷动。正如杜维明所说的，"哈佛已经成为在英语世界中经常用普通话谈论国学的道场"。①

早在20世纪80年代，杜维明就想促成保守的世界哲学大会能够在中国举办，然而成就这件事却需要很多机缘。2013年的雅典大会，此前一夜未眠的杜维明在主题陈述中阐述了世界哲学大会在中国举行对于中国现状、哲学发展和文明对话的必要性。

第一，中国正需要哲学。鸦片战争以来的150年中，救亡图存的爱国心使得社会精英都忙于做拯救国家的政治家，很难出哲学家。150年中的拿来主义最多只是工具，而不是从哲学上寻找中国自己的出路。当代中国的发展已经不再限于狭隘的经济模式，政治、经济、文化、社会和生态五个方面全面发展，发展道路越来越宽，其中必然包括哲学的道路。回到人

---

① 〔美〕张凤：《哈佛问学录》，重庆出版社2015年版，第2页。

的全面发展，必然会带来人生价值的追问、世界观的认同、文化的发展目标等一系列问题。中国需要全球范围内哲学上有建树的人帮助中国一起发展。

第二，西方哲学需要走出象牙塔。由于追求学科上的纯净，西方哲学已经成为象牙塔中的学科，自我边缘化了。虽然当代有哈贝马斯、德里达、福柯、罗尔斯等杰出大家，但是比起政治学上的亨廷顿、社会学上的罗伯特·贝拉、受韦伯影响至深的帕格森、科学上的爱因斯坦，哲学在社会上的影响式微。哲学必须显示出影响力和公共性，哲学家要与这个社会沟通，要与有人文关怀、有知识兴趣的人做沟通，不然哲学就会僵化，变成极少数人自我欣赏的一门学问。而中国能够提供丰富的资源、宽广的视野，为世界哲学大会提供了一个极好的机会和平台。

第三，哲学必须全球化。哲学始于希腊，希腊是哲学的家。哲学的太阳从希腊升起，但是不应仍然从希腊落下，要让哲学的太阳普照世界。哲学应当拥抱所有的人类文明，包括非西方的土地上，中国、印度、拉美等地方的文明。当代法国哲学家德里达在中国曾经讲过这样一句话："中国没有哲学。"自此，中国哲学的合法性似乎陷入一场危机，很多人转而去寻求中国哲学的合法性，好像人们只能谈论"哲学在中国"，而不是"中国哲学"。这不符合事实。试想人们如果在西方说"西方没有修身。精神磨炼只有中国和印度有，西方只能谈论'修身在西方'"，那会是什么样子？如果下一届世界哲学大会在中国召开，那将使中国哲学更加被世界所理解、欣赏和接受。①

经过与会代表的评述争辩，最后投票。中国获得 56 票，巴西获得 20 票。中国获得第二十四届世界哲学大会主办权。

让哲学关注中国文化、关注中国，是杜维明和他的同事们长期所做的努力。不过他并不愿意强调个人的努力，而是认为这场世界哲学大会在中国举办，有其内在的发展逻辑。

的确，中国的哲学传统，与源自希腊的西方哲学传统以及自《奥义书》以降的印度古代哲学传统，是人类仅有的三大哲学传统。它们有各自探索到的思想的隐微之地，有根植于各自语言、思想的不同的言说方式。缺少了中国的传统哲学，哲学思考不是少了 1/3，而是缺少了一个支点。不同传统的互相启发和借鉴一直是思想创新的主要源泉之一。

20 世纪西方最重要的哲学家之一海德格尔，在长达数十年的时间中，出于他思想本身的需要，充满热情地阅读和解释了庄子的著作，并且尝试与中国学者共同翻译《道德经》，主

---

① 江迅：《世界哲学大会争夺战》，《亚洲周刊》2013 年 9 月 16 日。

动寻求与中国道家的对话。他在著作和演讲中一再表达出这种解读和寻求的成果,而且无一例外,对于道家的所有评论都是极为欣赏和赞许的。

再往前追溯,从西方启蒙运动时代广泛接触到中国文化开始,当时西方重要的启蒙学者,无一例外都深受中国文化,尤其儒家文化的影响。譬如伏尔泰,作为最著名的启蒙学者,他最尊崇的学者就是中国的孔子。当时有人就盛赞他为"巴黎的孔子"。深受中国文化影响的还有百科全书派的主要代表人物狄德罗、德国的哲学家莱布尼茨、英国经济学家亚当·斯密等,其中莱布尼茨甚至计划和德国最重要的 100 名哲学家,一同到中国进行学术交流。

在中国的传统文化一度被忽视的年代,西方主要以日本、韩国等亚洲其他地区作为文化交流的媒介,但一旦文化传统的重要性走向前台,文化故乡的天然优势,包括语言、物质遗产以及参与者的庞大,必然会让中国成为参习中华文化的人所要朝圣的地方。

另外,在中华文化传统的基础上所发生的中国现代化转型的实践,有着重大的现实意义。任何对人类社会未来进行哲学思考的学者,不可能无视中国兴起这一当代最重大的事件。而中国在经济上的发展,也造就了文化繁荣的空间,专家学者的数量迅速增长，雅典大会的与会代表中，中国学者就已经占据了 1/10 的数量。

应该说，是我们祖先留下的文化遗产，是中国当代改革创新的实践之巨大成功，才因缘具足，使得这场中国与世界的思想对话，水到渠成，顺理成章。

（三）"学以成人"

第二十四届世界哲学大会的主题是"学以成人"（Learning to be Human），这一具有儒家思想传统色彩的主题的选择，折射出中华传统文化在与世界文明的对话中，在解决人类所面临的时代问题时，依旧焕发着持久的生机。

国际哲学团体联合会主席、本届大会的主席莫兰教授在世界大会启动仪式上清楚地解释了"学以成人"的现实含义："我们正处于各种各样的全球危机之中——政治的、经济的、社会的、环境的、信仰和价值的危机。人类的各种关系——人与人之间的关系、人与社会和自然环境的关系以及人与宇宙整体的关系——到处都受到如此大规模的挑战，以至于没有任何单一国家或单一语言共同体能够独自面对。我引用来自我自己国家的古爱尔兰语的一句谚语：'我们生活在彼此的影子下。'

现在我们是在全球范围内相互联系并相互依赖；我们的学术实践必须反映这个新的现实。我们彼此之间有很多东西需要相互学习。整个大会的主题'学以成人'（Learning to be Human），恰当地表达了我们对于相互学习的承诺，以及我们为了整个世界的进步、和平以及和谐而一起发展我们共同人性的意愿。"① 这表明"学以成人"的主题首先意味着它是试图回应时代问题的挑战。

需要指出的是，虽然本届大会在中国举行，并且选择这样的主题，但并不是说此次世界哲学大会局限于以中国传统哲学为核心。实际上，大会几乎囊括了当代哲学的所有领域，强调哲学研究的全球化，强调古往今来不同文化中各类思想家的多元哲学思考的对话。但是在面对这些关涉人类整体的全球性问题时，中国传统哲学的精神为世界哲学做出了永久性的贡献，并且也将深刻影响人类未来的哲学思考。

中国传统文化中的"学"，与发端于西方的现代知识教育有着重大差异。古代教育有所谓"六艺"，但"六艺"中的各艺，并不等同于现代学科中的"专业"，而是不同的"科目"，统统要学，不能分而专治之，原因在于，"学"的目的是"成

---

① 江怡：《从第24届世界哲学大会主题看当代中国的哲学研究现状》，《探索与争鸣》2017年第11期。

人"，是人的心性的全面发展，而非仅仅是要掌握工具性、实效性的知识。这一"成人"的目的，也意味着，"学"会带来内在精神与外在行为的整体改变，换言之，与现代的各种学科的专业思考不同，它不仅仅需要"动脑"，更需要"动心"，需要道德的培育和心性的涵养。因此在以儒家为主的传统文化中一方面强调知行合一，学习同时也是修身的实践；另一方面强调知识的整合，强调对人类事务的完整了解和关切，所谓一事不知，儒者之耻。

这种强调博学笃行的传统对中国后世影响深远。早前，《人民日报》微信公众号"学习小组"刊发的《习近平自述：我的文学情缘》一文就介绍过习近平总书记在文艺工作座谈会上脱稿讲述的 15 个故事。其中习近平总书记回忆："上山下乡的时候，我 15 岁。我当时想，齐家、治国、平天下还轮不到我们去做，我们现在只能做一件事，就是读书、修身。'一物不知，深以为耻'，我给自己提出了这样一个要求。"[1]

因应当代的实践问题，因应新涌现出的各类全球性议题，迫切需要的就是跨越专业的壁垒，寻求整合的知识，同时要探索和发展共通的人性。哲学家应当与其他人文学、社会科学和

---

[1] 《习近平自述：我的文学情缘》，《人民日报》2016 年 10 月 14 日。

自然科学的学者一起，在经济、社会、政治和宗教等领域，在多元文化和各类传统之间，进行相辅相成的合作与互动，建构哲学反思的公共论域，寻求解决人类一直关切的生态、正义与和平等重大课题。

正如大会学术委员会主任杜维明先生所指出的："哲学不仅是理性思辨、自我反思，追求真理和意义的学问，也是学做人的学问。'学以成人'是理论和实践的结合，是认知，也是行为。个人不是孤立的个体，是一个网络的中心点，也是另一个中心点的组成部分。学做人，必然牵涉他者，如家庭、群体、民族、社会、国家、宇宙。从生物人到文化人、文明人、政治人、经济人、生态人，等等，包括各种人物角色的转换，人始终处在转化和被转化，塑造和被塑造的变化过程之中。"这向我们表明了儒家文化作为知行合一的典范，对于思考时代问题的现实意义。

国际哲学团体联合会秘书长卢卡·斯卡兰提诺教授在大会启动仪式上的发言中也指出："哲学似乎在以多种多样的形式寻找新的概念工具，来理解我们这个世界的文化、社会和伦理的复杂性。在这样的语境中，我们越来越意识到：离开中国在哲学、文化以及精神方面难以估量的文化和理论遗产，我们通常所谓的'哲学'就是极其有缺陷的。"[①]

中华文化的历史源远流长,在吸收西方文化完成现代转型过程中,却饱受与传统文化冲突和断裂的困扰。这种古今中西纠结难解的现象,既造成了文化发展的诸多冲突和困境,也为未来的思考敞开了独一无二的创造空间。

1912年,北京大学成立了中国最早的哲学系。在最初的规划中,确定了要广泛学习和研究西方哲学、印度哲学以及中国哲学传统的计划。它从一开始就是世界性的,是开放包容的,同时,又是立足于中国文明传统根基的。

在北京大学举办的第二十四届世界哲学大会提供了迄今为止最大、最丰富和最多样的哲学议程。莫兰教授指出,该议程体现了一种超越以传统的(大部分是希腊的)范畴为核心的狭隘的西方式哲学进路的真正尝试。

毫无疑问,2018年这场全球哲学家的对话交流和文化思维碰撞,也是中国文化话语权的提升以及对人类思想文化的影响和贡献。

---

① 转引自江怡:《从第24届世界哲学大会主题看当代中国的哲学研究现状》,《探索与争鸣》2017年第11期。

结　语

　　文化自信其实是对 5000 多年一脉相承的中华文化的价值和生命力的确认。虽几经起伏与转折，尤其是近代以来国运的沉沦，迫使中国吸收西方现代文明开启现代化转型，进而迈向中华民族的伟大复兴，越过历史的蜿蜒曲折，我们依旧可以看到中华文化一以贯之的基本精神。

　　当我们讲述中华文化包含了中华优秀传统文化、革命文化和社会主义先进文化时，不只是沿着历史去列举三种文化，而是在发掘文化中隐含着的当代中国必然参考的坐标，隐含着的这个时代的中国所面临的最宏大的问题。

　　这个坐标的原点就是中国的现代化蜕变和转型，它始于中华文化传统遭遇过的最深刻的危机，也是中华文化历史中最具深远影响的事件。这场变革，究竟是会让中华文化化为西方文明的附庸而变得面目全非，抑或是在中华文化精神的深处找到前行的支点，走出自己的道路，这其实决定了是否有真正意义的中华民族的伟大复兴，也决定了中国的复兴之路究竟能够达到怎样的辉煌。

正如这本书想要呈现的那样，中华文化传统创造过的伟大，同其他杰出的世界文化一样，都是高耸入云的奇峰。在最危急的时刻，中华文化传统所涵养孕育出的仁人志士，以壮士断腕的决心为中国探索绝处逢生的道路。在筚路蓝缕的复兴过程中，中华民族从未放弃民族精神的独立。今天，当中国重返世界之巅，古老的中国智慧再次为世人打开想象未来的视野。这一切在说明，5000多年的历史不只是一个久远的时间，而是文化生命力的证明。

拿破仑说过：世界上有两种力量，一种是剑，一种是精神。如果说剑是经济军事方面的硬实力，精神便是文化的软实力。真正的强国地位最终是靠文化、价值观、社会制度的文明这些软实力才能坐实，才能具备世界性的引领和影响作用。

在最接近中华民族伟大复兴的新时代，中华民族理应比以往任何时候都更加自信。这种自信不是"天朝上国"式的狂妄自大，不是无视中国文化发展中依然存在着的严重缺失，而是建立在中华文明顺应时代对自身文化更新转化，以开放互鉴的心胸消化吸收外来文化，进而取得举世瞩目的累累硕果之上的坚实自信。中华民族比以往任何时候都能更加坦然地面对可能遭遇的困难，化解必然到来的矛盾。中国走过的道路让人们自信，中国创造的成就使人们能够自信。

文化自信是最根本的自信，是由内而外的呈现定力的自信，是最具凝聚力和感召力的自信，也是面向世界的自信。只有文化自信、文化复兴，才能托起中国的道路自信、理论自信、制度自信。

站在新时代的起点去看，中华优秀传统文化、革命文化和社会主义先进文化，它们都是中华民族走向伟大复兴的最根本的精神旨归和文化结晶，因此也就标志着中国的梦想与实践可能会有多么宽广的视野，也就衡量着这个时代将为中华历史留下多少可以垂诸久远的文明遗产。